Grundwissen BGB-AT

Hemmer/Wüst/d'Alquen

Hemmer/Wüst Verlagsgesellschaft

Hemmer/Wüst/d'Alquen, Grundwissen BGB-AT

ISBN 978-3-96838-099-5

11. Auflage 2022

gedruckt auf chlorfrei gebleichtem Papier
von Schleunungdruck GmbH, Marktheidenfeld

Vorwort

Das vorliegende Skript ist für Studierende in den ersten Semestern gedacht. Gerade in dieser Phase ist es sinnvoll, bei der Wahl der Lernmaterialien den richtigen Weg einzuschlagen. Auch in den späteren Semestern sollte man in den grundsätzlichen Problemfeldern sicher sein. Die „essentials" sollte jeder kennen.

In diesem Theorieband wird Ihnen das notwendige Grundwissen vermittelt. Vor der Anwendung steht das Verstehen. Leicht verständlich und kurz werden die wichtigsten Rechtsinstitute vorgestellt und erklärt. So erhält man den notwendigen Überblick. Klausurtipps, Formulierungshilfen und methodische Anleitungen helfen Ihnen dabei, das erworbene Wissen in die Praxis umzusetzen.

Das Skript wird durch den jeweiligen Band unserer Reihe „die wichtigsten Fälle" ergänzt. So wird die Falllösung trainiert. Häufig sind Vorlesungen und Bücher zu abstrakt. Das Wissen wird häufig isoliert und ohne Zusammenhang vermittelt. Die Anwendung wird nicht erlernt. Nur ein Lernen am konkreten Fall führt sicher zum Erfolg. Daher empfehlen wir parallel zu diesem Skript gleich eine Einübung des Gelernten anhand der Fallsammlung. Auf diese Fälle wird jeweils verwiesen. So ergänzen sich deduktives (Theorieband) und induktives Lernen (Fallsammlung). Das Skript Grundwissen und die entsprechende Fallsammlung bilden so ein ideales Lernsystem und damit eine Einheit.

Profitieren Sie von der über 45-jährigen Erfahrung des Juristischen Repetitoriums hemmer im Umgang mit juristischen Prüfungen. Unser Beruf ist es, alle klausurrelevanten Inhalte zusammenzutragen und verständlich aufzubereiten. Die typischen Prüfungsinhalte wiederholen sich. Wir vermitteln Ihnen das, worauf es in der Prüfung ankommt – verständlich – knapp – präzise. Erfahrene Repetitorinnen und Repetitoren schreiben für Sie die Skripten. Deren know-how hinsichtlich Inhalt, Aufbereitung und Vermittlung von juristischem Wissen fließt in sämtliche Skripten des Verlages ein. Lernen Sie mit den Profis!

Sie werden feststellen: Jura von Anfang an richtig gelernt, reduziert den Arbeitsaufwand und macht damit letztlich mehr Spaß.

Wir hoffen, Ihnen den Einstieg in das juristische Denken mit dem vorliegenden Skript zu erleichtern und würden uns freuen, Sie auf Ihrem Weg zu Ihrem Staatsexamen auch weiterhin begleiten zu dürfen.

Karl-Edmund Hemmer & Achim Wüst

§ 1 Einleitung

A. Die Systematik des BGB

Das BGB trat am 1. Januar 1900 in Kraft. Es ist eine Zusammenfassung von Rechtsnormen, die die Rechtsbeziehungen der Bürger untereinander regelt.

Aufteilung des BGB in fünf Bücher

Das BGB ist in fünf Bücher aufgeteilt: Allgemeiner Teil (§§ 1 - 240 BGB), Schuldrecht (§§ 241 – 853 BGB), Sachenrecht (§§ 854 – 1296 BGB), Familienrecht (§§ 1297 – 1921 BGB) und Erbrecht (§§ 1922 – 2385 BGB).

Der **Allgemeine Teil** enthält Normen, die - wie der Name schon sagt - für grundsätzlich alle anderen Bücher des BGB gelten. Mathematisch gesprochen, sind die Normen dieses Teils sozusagen vor die Klammer gezogen.

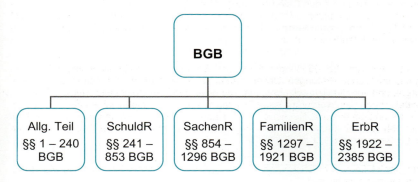

Das **Schuldrecht** regelt die Beziehungen zwischen den Bürgern, die sich aus vertraglichen und gesetzlichen Schuldverhältnissen ergeben. Das **Sachenrecht** regelt die Beziehung des Bürgers zu einzelnen Gegenständen. Das **Familienrecht** enthält Normen, die die familienrechtlichen Beziehungen (z.B. Verwandtschaft, Ehe) betreffen. Das **Erbrecht** schließlich regelt die Vermögensverhältnisse nach dem Tod eines Menschen.

Zwar gilt der Allgemeine Teil für alle Bücher des BGB (vgl. oben, „vor die Klammer gezogen"), jedoch gibt es in den anderen vier Büchern Spezialregelungen, die der jeweiligen Materie besser gerecht werden. Dann müssen die Regeln des Allgemeinen Teils hinter diesen zurückstehen.

Damit haben Sie bereits einen wichtigen Grundsatz kennen gelernt:

Die speziellere Norm verdrängt die allgemeinere Norm!

Dieses System gilt aber nicht nur für das BGB als Ganzes, sondern auch für jedes einzelne Buch.

B. Standort des BGB im Rechtssystem der Bundesrepublik

Das gesamte Recht besteht aus zwei großen Bereichen: Dem **Privatrecht** und dem **öffentlichen Recht**. Aufgrund traditioneller Aufteilung wird das Strafrecht, eigentlich ein Teil des öffentlichen Rechts, stets so behandelt, als sei es eine dritte selbstständige Materie. Das Privatrecht zerfällt in das Allgemeine Privatrecht und in das Sonderprivatrecht. Zum Allgemeinen Privatrecht gehört das hier erörterte Bürgerliche Recht. Zum Sonderprivatrecht gehören z.B. das Handelsrecht und das Arbeitsrecht.

Das öffentliche Recht wird aufgeteilt in materielles Recht und das Prozessrecht. Zum materiellen Recht gehören das Strafrecht, das Verwaltungsrecht und das Verfassungsrecht. Zum Prozessrecht zählen die Strafprozessordnung und die Verwaltungsgerichtsordnung.

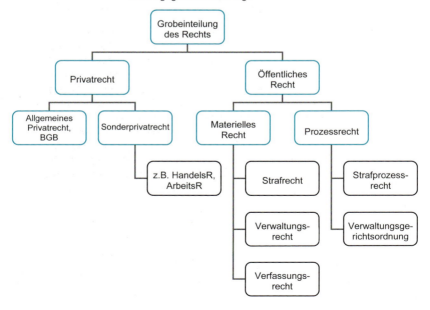

Im vorliegenden Skript soll uns nur ein kleiner Ausschnitt aus dem Allgemeinen Privatrecht interessieren: Das Bürgerliche Recht, und hier überwiegend der Allgemeine Teil des BGB. Die obige Darstellung dient lediglich der Einordnung in das Gesamtsystem.

C. Methode der Fallbearbeitung

Sachverhalt lesen

1. Als Erstes müssen Sie den **Sachverhalt** vollständig **verstehen** und erfassen. Lesen Sie diesen daher besonders aufmerksam und mindestens zweimal durch.

Klausurtipp 👍

Streichen Sie sich dabei die sogenannten **Schlüsselwörter** (z.B. Ehepaar, Minderjähriger, Dritter (z.B. Sohn), vergessen (= Unterlassen!) an. Notieren Sie sich am Rand oder im Text ihre ersten Ideen. Diese sind meistens richtig, verlassen Sie sich auf Ihr Bauchgefühl. Denken Sie beim Lesen an den Ersteller der Klausur. Dieser hat die Klausur konstruiert. Fragen Sie sich: Welche Problemfelder gilt es zu erkennen? Je näher Sie der Idee des Erstellers kommen, desto besser die Bewertung Ihrer Arbeit!

Fallfrage

2. Als Nächstes sollten Sie sich die **Fallfrage verdeutlichen**. Wonach genau ist gefragt? Allein die Fallfrage ist Thema Ihrer Klausur! Da die Fallfrage eng mit dem Sachverhalt verbunden ist, sollten Sie sich den Sachverhalt noch einmal unter dem Aspekt der Fallfrage durchlesen.

Anspruchsgrundlagen finden

3. Jetzt, und das ist für den Anfänger meist der schwierigste Teil, geht es darum, im Gesetz die **richtige(n) Anspruchsgrundlage(n)** zu finden. Das Gesetz definiert den Anspruch als das *„Recht, von einem andern ein Tun oder ein Unterlassen zu verlangen"*, § 194 BGB (*z.B. Übergabe und Übereignung der gekauften Sache gem. § 433 I S. 1 BGB*). Für die Falllösung kommen grundsätzlich nur solche Anspruchsgrundlagen in Betracht, die genau das gewähren, was dem Begehren in der Fallfrage entspricht. Das von einer Anspruchsgrundlage Gewährte nennt man **Rechtsfolge**. Bei der Suche nach den richtigen Anspruchsgrundlagen sollten Sie immer folgendes Schema durchgehen:

Klausurtipp 👍

> **Prüfungsreihenfolge (vgl. ausführlicher Rn.8):**
>
> 1. **Vertragliche Ansprüche**
>
> 2. **Vertragsähnliche Ansprüche**, *z.B. c.i.c.*
>   (§§ 311 II, 241 II, 280 I BGB)*, berechtigte GoA*
>   (§§ 677, 683 BGB), §§ 122, 179 BGB
>
> 3. **Dingliche Ansprüche**, z.B. § 985 BGB
>
> 4. **Deliktische Ansprüche**, z.B. § 823 I BGB
>
> 5. **Bereicherungsrechtliche Ansprüche**, z.B. § 812 I
>   S. 1 Alt. 1 BGB

Subsumtion

4. Wenn Sie eine oder mehrere Anspruchsgrundlagen gefunden haben, deren Rechtsfolge auf die Fallfrage passt, heißt dies noch lange nicht, dass der Anspruch auch besteht. Jede **Anspruchsgrundlage** hat nämlich **bestimmte Voraussetzungen**, den *Tatbestand*.

Lesen Sie zum Beispiel § 433 I S. 1 BGB: „Durch den Kaufvertrag wird der Verkäufer einer Sache verpflichtet, dem Käufer die Sache zu übergeben und das Eigentum an ihr zu verschaffen". Die Voraussetzung, also der **Tatbestand**, ist der **Kaufvertrag** über eine Sache. Die **Rechtsfolge** ist die **Übergabe** und **Übereignung** der Sache.

Ihre Aufgabe ist es nun, den Sachverhalt daraufhin zu untersuchen, ob diese Voraussetzungen erfüllt sind. Sie vergleichen also den Sachverhalt mit der abstrakten Gesetzesnorm. Diese Vorgehensweise nennt man **Subsumtion**. Sie ist die eigentliche Aufgabe eines jeden Juristen und mit *größter Sorgfalt* durchzuführen.

Klausurtipp 👍

hemmer-Methode: Bleiben Sie am konkreten Fall. Seien Sie vorsichtig, wenn Sie glauben, von einem Fall schon einmal gehört oder ihn schon einmal gelesen zu haben.
Jeder Sachverhalt zeichnet sich gerade dadurch aus, dass er sich zumindest in einigen Details von anderen unterscheidet. Wenn Sie diese Details durch die „Kenn-ich-ja"-Mentalität verdrängen, schreiben Sie an der Fallfrage vorbei. Bleiben Sie also immer genau am Sachverhalt und interpretieren Sie nichts in diesen hinein. Gehen Sie stets völlig unvoreingenommen an den Fall heran! Im Jurastudium schreiben Sie keine Besinnungsaufsätze, sondern nehmen gutachtlich zu konkreten Fragen Stellung!

kurze Gliederung

5. Nachdem Sie den Fall so im Kopf durchgespielt haben, machen Sie sich eine **kurze** Gliederung, in der Sie Ihre Ergebnisse festhalten.

Die Gliederung enthält die in Betracht kommenden Anspruchsgrundlagen und die bei jeder Anspruchsgrundlage vorkommenden Problemfelder (P), z.B.:

Formulierungsbeispiel

Anspruch auf Herausgabe aus **§ 985 BGB**?

1.   P: E Eigentümer?

P: Erwerb von A gem. §§ 929, 932 BGB?

P: E gutgläubig i.S.d. § 932 II BGB (+)

2.   B unmittelbarer **Besitzer** (+)

3.   P: B Recht zum Besitz? (-)

P: Kaufvertrag, §§ 433 ff. BGB grds. (+)

P: §§ 123 I, 142 I BGB (+)

4.   **Ergebnis:** § 985 BGB (+)

Niederschrift im Gutachtenstil

6. Erst jetzt beginnen Sie mit der **Niederschrift** der Klausur. Fassen Sie sich dabei knapp, aber drücken Sie sich präzise aus. Orientieren Sie sich an Ihrer Gliederung und subsumieren Sie jede Voraussetzung sauber. Breitere Ausführungen machen Sie nur dort, wo nach Ihrer Ansicht ein Problem besteht (sog. **Schwerpunktbildung**). Abweichungen davon sind meist aus zeitlichen Gründen nicht mehr möglich. Vermeiden Sie Inkonsequenz! Juristische Klausuren sind im **Gutachtenstil** abzufassen. Dieser ist dadurch gekennzeichnet, dass häufig der Konjunktiv (könnte, müsste, wäre) verwendet wird, und dass das Ergebnis der Bearbeitung erst am Ende der Klausurlösung auftaucht (beim Urteilstil wird das Ergebnis vorangestellt und dann begründet). Die Bewertung Ihrer Arbeit hängt sehr stark davon ab, wie gut Sie diesen Gutachtenstil beherrschen. Er soll an dem Beispiel des § 433 I S. 1 BGB kurz verdeutlicht werden:

Fall (Lebenssachverhalt): B bietet A ein Buch zum Preis von 15,- € an. A erklärt, dass er das Buch kaufen will. Kann A von B nun die Übergabe und Übereignung des Buchs verlangen? Klausurlösung:

Sie beginnen mit dem sogenannten **Fragesatz:**

*A **könnte** gegen B einen Anspruch auf Übergabe und Übereignung des Buches gemäß § 433 I S. 1 BGB haben.*

Dieser Satz wird auch **Obersatz** genannt. Der Obersatz ist der Wegweiser für die folgende Arbeit und soll auch dem Korrektor zeigen, dass Sie ganz genau wissen, wo es hingehen soll. Sie müssen bereits hier eine konkrete Anspruchsgrundlage genau benennen.

Danach folgt der **Voraussetzungssatz:**

*Dann **müssten** A und B einen Kaufvertrag geschlossen haben.*

Oder: ***Fraglich ist**, ob A und B einen Kaufvertrag geschlossen haben*

Weiter mit dem **Definitionssatz:**

Ein Vertrag kommt durch zwei übereinstimmende Willenserklärungen zustande, dem Angebot und der Annahme.

Subsumtionssatz

Der konkrete Sachverhalt ist nun zuzuordnen, also mit den Definitionen zu vergleichen:

Hier hat B dem A das Buch für 15,- € angeboten und A hat dieses Angebot mit der Erklärung, er wolle es kaufen, angenommen.

Damit haben A und B einen Kaufvertrag geschlossen.

Folgesatz

Er enthält die Antwort auf die Fallfrage:

„A hat einen Anspruch auf Übergabe und Übereignung des Buches gem. § 433 I S. 1 BGB."

Klausurtipp

hemmer-Methode: Übung macht den Meister! Lesen Sie ausformulierte Falllösungen, schreiben Sie möglichst viele Klausuren. Haben Sie keine Angst vor der juristischen Kunstsprache. Das oben Gesagte wird Ihnen schon nach kurzer Zeit in Fleisch und Blut übergehen.

§ 2 Die Falllösung in der BGB-Klausur

Im folgenden Kapitel wollen wir die Vorgehensweise bei der Fallbearbeitung anhand eines Grundfalls erlernen. Mit der **hemmer-Methode** wird Ihr Problembewusstsein von Anfang an geschult.

Sachverhalt (Ausgangsfall):

A kauft bei B ein Buch für 15,- €. A verlangt nun die Herausgabe des Buches, B will sein Geld.

Welche Ansprüche hat A gegen B und welche hat B gegen A?

Oder häufig auch abgekürzt: *Wie ist die Rechtslage?*

A. Lösung des Grundfalls

Jede Falllösung beginnt mit der klassischen Frage:

WER WILL VON WEM WAS WORAUS?

I. Wer/von wem

Zu beginnen ist mit der Frage nach dem Anspruchsteller (Wer ⇨ Gläubiger) und dem Anspruchsgegner (von Wem ⇨ Schuldner).

1

Rechtssubjekte

Hier ist danach zu fragen, ob die Beteiligten ***Rechtssubjekte*** sind, welche als Gläubiger oder Schuldner eines Anspruchs in Betracht kommen.

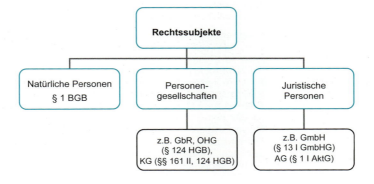

Rechtsfähigkeit

Ob jemand Rechtssubjekt sein kann, bestimmt sich danach, ob er Träger von Rechten und Pflichten sein kann. Dies bezeichnet man als **Rechtsfähigkeit**.

1. Natürliche Personen

natürliche Personen

Natürliche Personen sind alle Menschen. Ihre Rechtsfähigkeit beginnt mit der Vollendung der Geburt, § 1 BGB, und endet mit dem Tod.

2

Im Ausgangsfall bereitet die Rechtsfähigkeit, wie sehr häufig, keine Probleme. A und B sind natürliche Personen. Beide sind rechtsfähig, also Rechtssubjekte, und können Gläubiger bzw. Schuldner eines Anspruchs sein.

2. Juristische Personen

Abwandlung: *Nehmen wir an, A handelt im Ausgangsfall als Geschäftsführer einer GmbH. Ändert sich dann etwas?*

juristische Personen

Neben den natürlichen Personen, also den Menschen, gibt es noch weitere Rechtssubjekte (also Träger von Rechten und Pflichten), die sog. *juristischen Personen*.

3

Juristische Personen sind die von der Rechtsordnung als selbständige Rechtsträger anerkannten *Personenvereinigungen* oder *Vermögensmassen*.

Das Gesetz sieht in bestimmten Fällen vor, dass ein Rechtsgebilde (vgl. § 13 I GmbHG) oder auch ein „Vermögen" (Stiftung, vgl. § 80 BGB) unter bestimmten Voraussetzungen Rechtssubjekt wird. Dann ist diese Vereinigung oder Vermögensmasse – wie der einzelne Mensch – *Person im Rechtssinne*.

Klausurtipp ✍

hemmer-Methode: Schärfen Sie Ihr Problembewusstsein! Es handelt sich in der Regel nicht um eine exotische GmbH-Klausur. Kommt im Sachverhalt eine juristische Person vor, gilt: Ein Problem mehr! Anders als eine natürliche Person erlangt die juristische Personen die Rechtsfähigkeit erst durch Eintragung, also aufgrund eines Staatsaktes, vgl. z.B. § 21 BGB: „...erlangt Rechtsfähigkeit *durch* Eintragung". Damit schafft der Ersteller „Probleme". Denken Sie neben der Rechtsfähigkeit dann auch an das Problemfeld Vertretung! Die juristische Person kann selbst nicht im Rechtsverkehr auftreten, muss also wirksam vertreten werden, bei der GmbH regelmäßig durch den Geschäftsführer, § 35 I GmbHG.

handeln durch
Organe

Da juristische Personen bloße Rechtsgebilde sind, können sie selbst nicht handeln. Um am Rechtsverkehr teilnehmen zu können, benötigen sie Organe, durch die sie handeln (*z.B. durch den Vorstand beim Verein, § 26 I S. 2 BGB, oder durch den Geschäftsführer bei einer GmbH, § 35 I GmbHG*).

Organe der GmbH sind also deren Geschäftsführer. A hat als Geschäftsführer für die GmbH gehandelt, vgl. § 35 I GmbHG. So konnte die GmbH einen Kaufvertrag mit B schließen. Da die GmbH als juristische Person Träger von Rechten und Pflichten sein kann, ist sie rechtsfähig und wird aus dem mit B geschlossenen Kaufvertrag selbst berechtigt und verpflichtet. Der Anspruch auf Kaufpreiszahlung richtet sich also nicht gegen A, sondern gegen die GmbH selbst.

Klausurtipp 👍

hemmer-Methode: Die Rechtsfähigkeit sollte in Ihrer Falllösung nur dann angesprochen werden, wenn sie problematisch ist. Das ist bei natürlichen Personen nicht der Fall. Bei juristischen Personen müssen Sie kurz die Norm zitieren, die die Rechtsfähigkeit normiert (z.B. § 13 I GmbHG, § 1 I S. 1 AktG).

3. Personengesellschaften

Von den juristischen Personen sind die *Personengesellschaften* zu unterscheiden.

4

Abgrenzung zu
juristischen Personen

Bei diesen schließen sich mehrere Personen zur Verfolgung eines gemeinsamen Zwecks zusammen. Anders als bei den juristischen Personen steht bei den Personengesellschaften typischerweise das gegenseitige Vertrauen der Gesellschafter zueinander im Vordergrund. Auch wird die Personengesellschaft grundsätzlich aufgelöst, wenn ein Gesellschafter stirbt, § 727 BGB, während der Tod eines Mitgliedes einer juristischen Person ihren Bestand unberührt lässt.

Im Übrigen sind Personengesellschaften vom Grundsatz der persönlichen Haftung der Gesellschafter geprägt, während die Mitglieder einer juristischen Person grundsätzlich nicht mit ihrem Privatvermögen haften.

Rechtsfähigkeit?

Für die Personengesellschaften stellt sich die Frage, ob auch sie Träger von Rechten und Pflichten sein können.

für OHG, KG § 124 I
(i.V.m. § 161 II) HGB

Das HGB kennt zwei Personengesellschaften: Die offene Handelsgesellschaft (OHG) und die Kommanditgesellschaft (KG). Für diese Personen*handels*gesellschaften findet sich eine Regelung in § 124 I (i.V.m. § 161 II) HGB.

Danach können diese Träger der dort beschriebenen Rechte und Pflichten sein, ohne juristische Person zu sein (sog. **Teilrechtsfähigkeit**).

bei GbR Teilrechtsfähigkeit inzwischen anerkannt

Eine vergleichbare Regelung fehlt für die Gesellschaft bürgerlichen Rechts (GbR), §§ 705 ff. BGB. Daher war ihre Rechtsfähigkeit lange Zeit umstritten, der BGH hat aber 2001 die sog. Teilrechtsfähigkeit der GbR anerkannt.

Klausurtipp ✍

hemmer-Methode: Wieder gilt: Ein Problem mehr! Bei OHG und KG erwartet der Ersteller der Klausur, dass Sie die entsprechenden Normen zur Rechtsfähigkeit finden und in Ihrer Lösung zitieren. Die BGB-Gesellschaft erweitert das Problemfeld, da für diese vergleichbare Normen im BGB fehlen. Während früher die Rechtsfähigkeit der BGB-Gesellschaft abgelehnt wurde, wird diese heute wie eine „kleine" OHG behandelt. Und dies nicht nur bei der Rechtsfähigkeit und somit auch bei der Parteifähigkeit im Prozess (sie kann klagen und verklagt werden), sondern auch bei Haftungsfragen. Mit Wirkung zum 01.01.2024 werden diese Fragen gesetzlich geregelt. So ergibt sich die Rechtsfähigkeit der GbR sodann aus 705 II Alt.1 BGB n.F., die Haftung der Gesellschafter aus § 721 S.1 BGB n.F.

II. Was?

Anspruchsinhalt

Die Frage nach dem „was" ist die Frage nach dem Anspruchsinhalt. Diese Frage ist für das Auffinden der richtigen Anspruchsgrundlage von entscheidender Bedeutung.

5

Der Inhalt des Anspruchs richtet sich danach, was der Anspruchsteller will.

Was der Anspruchsteller will, ergibt sich regelmäßig aus dem Sachverhalt bzw. der Fallfrage. A und B haben vorliegend einen Kaufvertrag über ein Buch geschlossen. „A will das Buch, B möchte das Geld."

Achten Sie in der Klausur jedoch darauf, dass Sie das Begehren juristisch korrekt bezeichnen: „A möchte Eigentum und Besitz am Buch erlangen". „B möchte Eigentümer und Besitzer des Geldes werden".

III. Woraus?

Anspruchsgrundlage

Nachdem geklärt ist, was A und B jeweils wollen, sind nun diesen Begehren entsprechende Anspruchsgrundlagen zu suchen. Wie bereits erwähnt, ist dies die eigentliche Aufgabe des Juristen.

6

Frage nach der Rechtsfolge

Welche Norm als Anspruchsgrundlage geeignet ist, hängt davon ab, ob die in der Norm angeordnete *Rechtsfolge* der *Fallfrage* entspricht.

Ein Teil der Fallfrage lautet: Welche Ansprüche hat A gegen B? Aus dem Sachverhalt ergibt sich, dass A das Buch haben will. Genauer: Er möchte, dass B ihm dieses übergibt und übereignet.

§ 433 I S. 1 BGB ordnet an, dass der Verkäufer verpflichtet ist, dem Käufer die Sache zu übergeben und das Eigentum an dieser zu verschaffen. Das ist die Rechtsfolge von § 433 I S. 1 BGB.

Da sowohl die Fallfrage als auch die in § 433 I S. 1 BGB angeordnete Rechtsfolge auf Übergabe und Übereignung der gekauften Sache gerichtet sind, ist § 433 I S. 1 BGB als Anspruchsgrundlage geeignet.

Subsumtion

Ob die so gefundene Anspruchsgrundlage dann tatsächlich einschlägig ist, hängt davon ab, ob der Sachverhalt unter die *Tatbestandsvoraussetzungen* der Norm **subsumiert** werden kann. So scheiden nach und nach diejenigen Anspruchsgrundlagen aus, die zwar von der Rechtsfolge her passen, deren Voraussetzungen aber nicht vorliegen.

7

Die o.g. Schritte sollen nun an dem Ausgangsfall verdeutlicht werden:

A kauft bei B ein Buch für 15,- €. A verlangt nun die Herausgabe des Buches, B will sein Geld.

Welche Ansprüche hat A gegen B und welche hat B gegen A?

A und B haben einen Kaufvertrag geschlossen.

Der Kaufvertrag ist in den §§ 433 ff. BGB geregelt. Die Rechtsfolgen eines Kaufvertrages stehen in § 433 I S. 1 BGB und § 433 II BGB. Für die Frage, ob A nun tatsächlich den Anspruch aus § 433 I S. 1 BGB hat, ist entscheidend, ob die Tatbestandsvoraussetzungen dieser Anspruchsgrundlage vorliegen. Die gutachtliche Prüfung lautet:

Fragesatz

A könnte gegen B einen Anspruch auf Übereignung und Übergabe des Buches aus § 433 I S. 1 BGB haben.

Voraussetzungssatz

*Voraussetzung dafür ist, dass zwischen A und B ein **Kaufvertrag** zustande gekommen ist.*

Definitionssatz

*Ein Kaufvertrag kommt zustande durch zwei übereinstimmende Willenserklärungen, **Angebot** und **Annahme.***

Subsumtionssatz

B hat A angeboten, das Buch für 15,- € zu verkaufen. A hat erklärt, dass er es zu diesem Preis kaufen möchte. Damit hat er das Angebot des B angenommen. Ein Kaufvertrag ist damit zustande gekommen.

Folgesatz

A hat gegen B einen Anspruch auf Übereignung und Übergabe des Buches gem. § 433 I S. 1 BGB.

Für die Frage, ob B Zahlung von 15,- € verlangen kann, liefert **§ 433 II BGB** die Anspruchsgrundlage. Die Voraussetzungen für diesen Anspruch sind mit den oben geprüften identisch.

Klausurtipp 👍

Auch für die Alternative der Fallfrage „**Wie ist die Rechtslage?**" gilt hier nichts anderes: Da die Fallfrage „im Lichte des Sachverhalts" zu lesen ist, ist die Rechtslage nicht isoliert zu begutachten, sondern grundsätzlich nach dem Begehren der Beteiligten, hier also dem Übereignungsverlangen des A und dem Zahlungsverlangen des B. Sollte einmal kein konkretes Verlangen im Sachverhalt zu finden sein, prüft man „jeder gegen jeden", also die Rechtsbeziehungen aller Beteiligten untereinander.

B. Prüfungsreihenfolge bei mehreren Anspruchsgrundlagen

Meistens kann der Anspruchsteller sein Verlangen nicht nur auf eine, sondern sogar auf mehrere Anspruchsgrundlagen stützen, sog. Anspruchskonkurrenz.

> *Bsp.: A verlangt von B ein Fahrrad heraus mit der Behauptung, es gehöre ihm und B habe es ihm gestohlen.*

Nun kommen für den Herausgabeanspruch des A folgende Anspruchsgrundlagen in Betracht: § 985 BGB; § 861 BGB; § 1007 I BGB, §§ 823 I, 249 I BGB; §§ 823 II, 249 I BGB i.V.m. § 242 StGB und § 812 I S. 1 Alt. 2 („in sonstiger Weise erlangt") BGB.

Prüfung aller Anspruchsgrundlagen

Alle Anspruchsgrundlagen müssen vollständig durchgeprüft werden. Dies gilt auch dann, wenn bereits die erste der zu prüfenden Anspruchsgrundlagen das Begehren des Anspruchstellers rechtfertigt.

8

Denn Sie sollen in einem **Gutachten** zu <u>allen</u> aufgeworfenen Rechtsfragen Stellung nehmen. Nur ein Richter wird sich die das Klagebegehren am leichtesten rechtfertigende Anspruchsgrundlage suchen und die anderen „links liegen lassen"!

Zuvor stellt sich jedoch die Frage, in welcher Reihenfolge die Anspruchsgrundlagen zu prüfen sind.

Klausurtipp

Folgende Prüfungsreihenfolge sollten Sie <u>immer</u> beachten:

Prüfungsreihenfolge

Anspruchsgrundlagen:

I) Vertragliche Ansprüche:

Darunter fallen sowohl Primär- (z.B. §§ 433 II, 631 BGB) als auch Sekundäransprüche, wie z.B. bei Unmöglichkeit (§§ 311a II, 280 I, III, 283 BGB), Verzug (§§ 280 I, II, 286 BGB), Schlechtleistung (z.B. §§ 281, 280 I BGB i.V.m. z.B. § 437 Nr. 3 BGB) und Störung der Geschäftsgrundlage (§ 313 BGB).

II) Vertragsähnliche Ansprüche:

Z.B. die **vorvertragliche Haftung** im Rahmen eines Schuldverhältnisses (§ 311 II, III BGB) nach §§ 280 I, 241 II BGB;

oder die **berechtigte Geschäftsführung ohne Auftrag (GoA):**
Die berechtigte GoA kann ein Besitzrecht gem. § 986 BGB, Rechtfertigungsgrund gem. § 823 I BGB oder einen Rechtsgrund gem. § 812 I S. 1 BGB für Vermögensverschiebungen darstellen.

§§ 122 I, 179 BGB: Bei diesen Normen scheitert der Vertrag (Anfechtung, Vertretung ohne Vertretungsmacht).

III) Dingliche Ansprüche und Ansprüche aus EBV (§§ 987 ff. BGB) und §§ 2018 ff. BGB:

V.a. §§ 861 ff., 985 ff. 1007, 2018 ff. BGB
Sie können Spezialregelungen zu deliktischen und bereicherungsrechtlichen Ansprüchen enthalten (z.B. § 993 I HS 2 BGB, „Sperrwirkung des EBV").

IV) Deliktische Ansprüche, §§ 823 ff. BGB

V) Bereicherungsrechtliche Ansprüche, §§ 812 ff. BGB

Klausurtipp

Gehen Sie diese Reihenfolge bei Erstellung Ihrer Gliederung im Kopf durch. Punkt für Punkt. Lehnen Sie z.B. einen Anspruch ab, fragen Sie sich noch einmal: „Wirklich?". So werden häufig vertragliche Ansprüche aus einem Vertrag mit Schutzwirkung zugunsten Dritter „vergessen", nur weil man unwillkürlich denkt „der Mieter A und der Handwerker B haben miteinander keinen Vertrag geschlossen".

Dabei hat man aber den zwischen dem Vermieter V und dem Handwerker B geschlossenen Werkvertrag, der Schutzwirkung zugunsten des Mieters A entfaltet, übersehen. Ausnahmsweise hat der Vertrag Drittwirkung! Was wird sich wohl der Korrektor denken, wenn dieses Problemfeld nicht erkannt wurde? Immerhin wurde soeben das Werk des Erstellers der Klausur nicht erfasst. Es gilt: Problem erkannt, Gefahr gebannt.

I. Ansprüche aus Vertrag

vertragliche Ansprüche

An erster Stelle sind vertragliche Ansprüche zu prüfen. Das hat folgenden Grund: Der Vertrag wird von den Vertragspartnern individuell ausgehandelt und ist speziell auf ihre Interessen zugeschnitten. Eine solche individuelle Regelung wirkt sich auch auf andere Anspruchsnormen aus.

9

So sind Verträge z.B. gegenüber den Ansprüchen aus §§ 985 ff. BGB (sog. dingliche Ansprüche) vorrangig, weil sie ein Recht zum Besitz i.S.v. § 986 BGB darstellen können. Im Verhältnis zu Deliktsansprüchen (§§ 823 ff. BGB) können Verträge einen Rechtfertigungsgrund bilden oder den Verschuldensmaßstab festlegen. Und bei Bereicherungsansprüchen (§§ 812 ff. BGB) können sie Rechtsgrund sein. Oder: Besteht ein Anspruch aus dem sog. Eigentümer-Besitzer-Verhältnis, z.B. aus §§ 989, 990 BGB, so können deliktische Ansprüche ausgeschlossen sein, vgl. § 993 I a.E. BGB. Oder: Haben Sie Ansprüche aus einer berechtigten Geschäftsführung ohne Auftrag bejaht, z.B. §§ 677, 683, 670 BGB, ist diese Rechtsgrund bei bereicherungsrechtlichen Ansprüchen.

Klausurtipp 🖐

hemmer-Methode: Häufig ist es gerade diese „Wechselwirkung", die die Punkte in der Klausur bringt und deshalb nicht übersehen werden darf! Ideal ist das obige Schema auch für das Aufspüren aller in Betracht kommenden Anspruchsgrundlagen. Häufig lautet der Vorwurf des Korrektors: „Sie haben nicht alle Anspruchsgrundlagen gesehen." Aber mal ehrlich: Wer sich an das vorgegebene Prüfungsschema hält, darf eigentlich nichts „vergessen". Haben Sie keine Angst. Für Jura braucht man nicht Einstein zu sein.
Mit der Zeit werden Sie diese Zusammenhänge erfassen. Mit dem richtigen technischen Verständnis werden die Fälle leicht. Wichtig an dieser Stelle ist nur, dass Sie sich merken: Der Vertrag kann Auswirkungen auf andere Anspruchsgrundlagen haben. Daher muss die hier vorgegebene Reihenfolge der Anspruchsprüfung zwingend eingehalten werden.

Aus Verträgen können für die Beteiligten primäre und sekundäre Ansprüche entstehen:

1. Primäransprüche

Primäranspruch

Primäransprüche (in Form von Leistungsansprüchen) sind solche Ansprüche, die sich *unmittelbar* aus dem Vertrag ergeben. Ihre Erfüllung ist das eigentliche Ziel des Vertrages. Der Vertrag wird gerade geschlossen, um sie entstehen zu lassen.

10

> Im Ausgangsfall sind die Primäransprüche zum einen der Anspruch auf Eigentumsübertragung an dem Buch und dessen Übergabe, § 433 I S. 1 BGB, zum anderen der Anspruch auf Kaufpreiszahlung, § 433 II BGB. Ziel des Vertrags ist, dass A das Buch und B das Geld bekommt.

Wenn es um Primäransprüche geht, besteht Ihre Hauptaufgabe darin, zu prüfen, ob ein Vertrag zustande gekommen ist, denn dieser ist unabdingbare Voraussetzung für die Entstehung eines Primäranspruchs.

2. Sekundäransprüche

Sekundäransprüche

Sekundäransprüche sind Ansprüche, die sich erst dann ergeben, wenn die Vertragsabwicklung (Vertragserfüllung) nicht so läuft, wie sich die Parteien das vorgestellt haben.

11

Leistungsstörungen

Das ist z.B. dann der Fall, wenn die geschuldete Leistung (im Ausgangsfall die Übergabe und Übereignung des Buches) nicht erbracht werden kann, weil das Buch untergegangen ist (d.h. weil es vor Übergabe und Übereignung zerstört wurde). Sekundäransprüche kommen auch dann in Betracht, wenn die geschuldete Leistung (Übergabe und Übereignung des Buches) zu spät erfolgt.

Wichtig: Die Sekundäransprüche können an die Stelle der Primäransprüche oder auch neben sie treten, sie also ergänzen.

II. Vertragsähnliche Ansprüche

1. Nicht immer kommt es zum Abschluss eines Vertrages. In solchen Fällen können aber dennoch *schuldrechtliche* Beziehungen zwischen den Parteien bestehen.

12

Werden z.B. Vertragsverhandlungen in einem Möbelge-schäft zwischen einem Kunden und einem Angestellten des Geschäfts über den Kauf von Küchenschränken geführt, und rutscht der Kunde auf dem frisch gewischten Boden des Möbelgeschäfts aus und bricht sich dabei das Bein, kann eine Verletzung der Sorgfaltspflichten des Geschäftsinhabers vorliegen, wenn z.B. kein Hinweis-schild aufgestellt war.

c.i.c.

D.h. bereits die Anbahnung von Vertragsbeziehungen (man nennt sie vertragsähnliche Ansprüche) begründet ein Schuldverhältnis und schafft gegenüber dem potentiellen Vertragspartner Sorgfaltspflichten, §§ 311 II, 241 II BGB.

Werden diese Pflichten schuldhaft verletzt und resultiert daraus ein Schaden, entsteht ein Schadensersatzanspruch gem. § 280 I BGB (culpa in contrahendo, Verschulden bei Vertragsverhandlung, sog. c.i.c., in § 311 II BGB gesetzlich geregelt).

GoA

2. Des Weiteren sind Situationen denkbar, in denen jemand für einen anderen tätig wird, ohne von diesem dazu vertraglich bestimmt worden zu sein. Auch dann kommen vertragsähnliche Ansprüche in Betracht. Hier sind Regeln erforderlich, die die Interessen der Beteiligten gegeneinander abgrenzen. Diese finden sich in den §§ 677 ff. BGB, der Geschäftsführung ohne Auftrag.

13

Bsp.: A rettet B, der gerade zu ertrinken droht und um Hilfe ruft. Haftet B für die Reinigungskosten der dabei verschmutzten Kleidung des A?

Lesen Sie zunächst die §§ 677, 683, 670 BGB!

Formulierungsbeispiel

*A könnte gegen B einen Anspruch auf Ersatz der Reini-gungskosten für die verschmutzte Kleidung aus §§ **677, 683, 670 BGB** haben.*

*Dazu müsste A ein **fremdes Geschäft** geführt haben. Die Rettung des B ist ein objektiv fremdes Geschäft. Bei diesem wird der Fremdgeschäftswille vermutet. Da A zur Rettung strafrechtlich „verpflichtet" ist, vgl. § 323c StGB, führt er zwar auch ein eigenes Geschäft. Es reicht aber, dass ein sog. auch fremdes Geschäft vorliegt.*

A ist von B auch nicht dazu beauftragt worden, allein der Hilferuf führt nicht zur Verrechtlichung. Die Vorausset-zungen des § 677 BGB liegen somit vor.

Fraglich ist, ob es sich um eine **berechtigte** *Geschäfts-führung ohne Auftrag handelt, § 683 BGB. Die Geschäfts-führung entsprach ersichtlich dem Willen, jedenfalls aber dem objektiven Interesse des B, aus dem der wirkliche Wille gefolgert wird.*

Rechtsfolge ist ein Aufwendungsersatzanspruch gem. § 670 BGB. Die Reinigungskosten sind als unfreiwilliges Vermögensopfer allerdings ein **Schaden** *und keine Auf-wendung, da unter diesen Begriff nur freiwillige Vermö-gensopfer fallen. Nach h.M. sollen aber auch sog. risiko-typische Schäden von § 670 BGB erfasst werden. Damit hat A grundsätzlich einen Anspruch auf Ersatz der Reini-gungskosten als sog. Nothilfeschaden.*

Klausurtipp 👍

hemmer-Methode: Ein klassisches Klausurproblem! Diese Frage beschäftigte schon das römische Recht und wurde auch dort kontrovers diskutiert. Grundsätzlich sind Aufwen-dungsersatzansprüche und Schadenersatzansprüche streng zu trennen. Würde man über § 670 BGB alle Schäden erset-zen, so entstünde eine verschuldensunabhängige Haftung auf Schadensersatz auch für Zufallsschäden, die der Ge-schäftsherr nicht zu vertreten hat! Dies ist aber nur die Aus-nahme, so haftet z.B. der Halter eines Pkw nach § 7 I StVG ohne Verschulden (sog. Gefährdungshaftung). Die Erweite-rung des § 670 BGB auf sog. risikotypische Schäden ist ein Kompromiss. Gefahren des täglichen Lebens und damit das allgemeine Lebensrisiko hat der Geschäftsführer aber selbst zu tragen.

GoA = gesetzliches Schuldverhältnis

Die Geschäftsführung ohne Auftrag (GoA) ist ein gesetzli-ches Schuldverhältnis. Sie wirkt – als berechtigte GoA – ähnlich wie der Vertrag und gibt dem Ausführenden u.U. ein Recht zum Besitz i.R.d. §§ 985 ff. BGB. Auch kann sie einen Rechtfertigungsgrund i.R.d. §§ 823 ff. BGB darstellen und einen Rechtsgrund i.S.v. §§ 812 ff. BGB bilden (vgl. oben). Daher muss auch die GoA <u>vor</u> den dinglichen, deliktischen und bereicherungsrechtlichen Ansprüchen geprüft werden.

III. Dingliche Ansprüche

Schutz absoluter Rechtsstellungen

An dritter Stelle sind dingliche Ansprüche (z.B. §§ 985 ff. BGB) zu prüfen. Sie enthalten möglicherweise Spezialrege-lungen, welche die allgemeinen Regeln der §§ 823 I, 812 BGB ausschließen (so z.B. § 993 I HS 2 BGB für Schadens-ersatz und Nutzungen) und sind daher <u>vor</u> deliktischen und bereicherungsrechtlichen Ansprüchen zu prüfen.

14

Dingliche Ansprüche sollen dingliche Rechte vor Beeinträchtigungen schützen. Als dingliche Rechte bezeichnet man die Herrschaftsrechte an Gegenständen. Sie räumen ihrem Inhaber eine absolute (d.h. jedem anderen gegenüber geltende) und unmittelbare Herrschaftsmacht über einen bestimmten Gegenstand ein und sind im 3. Buch des BGB, dem Sachenrecht, geregelt.

Hierher gehört z.B. das Eigentum als das umfassendste Herrschaftsrecht an einer Sache, vgl. § 903 BGB. Der wichtigste dingliche Anspruch ist der Herausgabeanspruch aus **§ 985 BGB**, der zur Durchsetzung des Eigentums notwendig sein kann.

Bsp.: A stiehlt B das Mountainbike. Da B Eigentümer des Fahrrades ist und A kein Recht hat, das Fahrrad zu besitzen, hat B gegen A einen Anspruch auf Herausgabe des Mountainbikes gem. § 985 BGB.

IV. Ansprüche aus unerlaubter Handlung (deliktische Ansprüche)

§§ 823 ff. BGB

1. Ansprüche aus unerlaubter Handlung bezwecken den Ersatz von Schäden, die durch ein rechtswidriges und schuldhaftes Verhalten des Schädigers entstanden sind.

15

Es sollen also Einbußen ausgeglichen werden, die jemand an seinen Rechtsgütern erleidet. Wichtigste Anspruchsgrundlagen in diesem Zusammenhang sind die §§ 823 ff. BGB.

Bsp.: A schlägt B absichtlich mit der Faust ins Gesicht. B erleidet hierdurch einen Nasenbeinbruch und muss ins Krankenhaus. A hat die Gesundheit des B rechtswidrig und schuldhaft verletzt. B hat daher einen Schadensersatzanspruch wegen der Behandlungskosten aus § 823 I sowie aus § 823 II BGB i.V.m. § 223 StGB und aus § 826 BGB (verschiedene Anspruchsgrundlagen!).

Gefährdungshaftung

2. Daneben spielt auch die **Gefährdungshaftung** eine Rolle. Hier haftet der Schädiger **verschuldensunabhängig** für solche Schäden, die durch die Verwirklichung besonderer Gefahrenlagen verursacht werden, z.B. *§ 7 I StVG oder § 833 I S. 1 BGB.*

16

Hat z.B. ein Hund ein Kind gebissen, dann muss der Halter des Hundes auch dann für den vom Hund angerichteten Schaden haften, wenn er den Hund angeleint und auch sonst auf diesen aufgepasst hat.

Er haftet für die von ihm geschaffene (Halten eines (Luxus-) Hundes) und verwirklichte (Hund beißt Kind) Gefahrenlage (vgl. aber § 833 I S. 2 BGB für sogenannte Nutztiere).

V. Ansprüche aus ungerechtfertigter Bereicherung, §§ 812 ff. BGB

§§ 812 ff. BGB

Bereicherungsansprüche bezwecken den Ausgleich einer nicht gerechtfertigten Vermögensverschiebung, indem die Vermögensmehrung beim „Bereicherten" zugunsten des „Entreicherten" wieder beseitigt wird.

    17

> *Bsp.: A schließt mit B einen Kaufvertrag über ein Buch. Als A am nächsten Tag das Buch an B übergeben will, trifft er auf C, den Zwillingsbruder des B und übergibt und übereignet irrtümlich das Buch an C. Kann A von C das Buch zurückverlangen?*

Formulierungsbeispiel

A könnte gegen C einen Anspruch § 812 I S. 1 Alt. 1 BGB haben.

1. *C müsste **etwas erlangt** haben. Etwas erlangt ist jeder vermögenswerte Vorteil. Nachdem A hier das Buch an C übergeben hat, hat C etwas Vermögenswertes, nämlich Besitz und Eigentum an dem Buch, erlangt.*

2. *Weiter müsste A an C **geleistet** haben. Leistung ist jede bewusste und zweckgerichtete Mehrung fremden Vermögens. A hat bewusst zur Erfüllung seiner (in Richtung C vermeintlichen) Verbindlichkeit aus dem Kaufvertrag geleistet.*

3. *Zwischen A und C bestand allerdings kein Vertrag. Daher erfolgte die Leistung **ohne Rechtsgrund**.*

4. ***Ergebnis:** A hat gegen C einen Anspruch aus § 812 I S. 1 Alt. 1 BGB.*

C. Prüfung des einzelnen Anspruchs

Eine Anspruchsgrundlage wird nach folgendem Muster geprüft:

I. Die Entstehung des Anspruchs

Vorliegen der positiven Tatbestandsmerkmale

Die Entstehung eines Anspruchs richtet sich danach, ob die Tatbestandsmerkmale der Anspruchsgrundlage durch den Sachverhalt ausgefüllt werden (**Subsumtion**).   18

Im Ausgangsfall würde an dieser Stelle geprüft werden, ob ein Kaufvertrag zwischen A und B vorliegt.

rechtshindernd

Zudem dürfen dem Anspruch keine **rechtshindernden** Einwendungen entgegenstehen. Das sind Rechtsnormen, die bereits die Entstehung des Anspruchs verhindern.

> **Bsp.:** *Ein vertraglicher Anspruch entsteht schon überhaupt nicht, wenn ein Vertragspartner geschäftsunfähig ist, §§ 104, 105 I BGB. Dasselbe gilt für sittenwidrige (§ 138 I BGB) und gesetzeswidrige (§ 134 BGB) Verträge.*

II. Das Erlöschen des Anspruchs

rechtsvernichtend

Kommen Sie zu dem Ergebnis, dass der Anspruch entstanden ist, müssen Sie in einem zweiten Schritt die Frage beantworten, ob der Anspruch noch fortbesteht oder ob er inzwischen untergegangen ist. Normen, die einen Anspruch erlöschen lassen, bezeichnet man als **rechtsvernichtende Einwendungen**. Diese bewirken das Erlöschen des einmal entstandenen Anspruchs, zum Teil sogar rückwirkend, also ex tunc, z.B. bei der Anfechtung, vgl. § 142 I BGB.   19

> **Bsp.:** *A hat mit B einen Kaufvertrag über ein Buch geschlossen und bereits den Kaufpreis von 15,- € bezahlt. Diese Zahlung gerät bei B in Vergessenheit. In der Annahme, A habe noch nicht gezahlt, verlangt er nochmals Zahlung.*
>
> *Hat B einen Anspruch auf Zahlung?*
>
> *Der Anspruch aus § 433 II BGB ist entstanden, da ein Kaufvertrag zwischen A und B zustande gekommen ist (und keine rechtshindernden Einwendungen bestehen).*
>
> *Der Anspruch könnte aber gem. § 362 I BGB erloschen sein. Mit der Zahlung hat A seine geschuldete Leistung erbracht. Damit ist der Anspruch auf Zahlung gem. § 362 I BGB durch Erfüllung untergegangen. Dem erneuten Zahlungsverlangen des B steht die rechtsvernichtende Einwendung des § 362 I BGB entgegen.*

III. Durchsetzbarkeit des Anspruchs

Frage nach Einreden

Sofern der Anspruch fortbesteht, müssen Sie noch prüfen, **20**
ob der Anspruch auch durchsetzbar ist, d.h. ob ihm keine
rechtshemmenden Einreden entgegenstehen.

Eine Einrede ist ein Verteidigungsrecht des Anspruchsgeg-
ners. Ein solches *Leistungsverweigerungsrecht,* auf das sich
der Betreffende konkret berufen muss, lässt den Anspruch
weiterhin bestehen, hemmt aber seine Durchsetzbarkeit.

> *Bsp.: A und B haben am 01.01.2018 einen Kaufvertrag
> geschlossen. B hat die Ware pünktlich geliefert, A hat
> aber bis zum 01.01.2022 nicht gezahlt. Kann B von A
> Zahlung des Kaufpreises verlangen?*

Formulierungsbeispiel

B könnte gegen A ein Anspruch auf Kaufpreiszahlung
aus § 433 II BGB zustehen. Nach Abschluss des Kaufvertrages ist dieser Anspruch auch entstanden.

Der Anspruch des B könnte jedoch gem. §§ 195, 199
BGB verjährt sein. Die Frist hat gem. § 199 I BGB Ende 2018 begonnen und ist Ende 2021 abgelaufen. Beruft
A sich einredeweise auf die Verjährung, ist der bestehende Anspruch des B nach dem 31.12.2021 nicht durchsetzbar.

Klausurtipp 👍

Merke: Prüfungsreihenfolge

1. **Anspruch entstanden?**
   ⇨ *Keine rechts**hindernden** Einwendungen, wie z.B.
   §§ 104 ff., 134, 138, 125 BGB.*

2. **Anspruch erloschen?**
   ⇨ *Keine rechts**vernichtenden** Einwendungen, wie z.B.
   §§ 362, 142, 327o, 355, 389 BGB.*

3. **Anspruch durchsetzbar?**
   ⇨ *Keine rechts**hemmenden** Einreden, wie z.B.
   §§ 273, 320, 214 BGB.*

---

§ 3 Willenserklärung

Das vorliegende Skript „Grundwissen zum Bürgerlichen Recht, Allgemeiner Teil" ist genauso aufgebaut wie „Die 76 wichtigsten Fälle BGB AT". Wir empfehlen Ihnen, diese Fälle parallel zum vorliegenden Skript durchzuarbeiten. Das ermöglicht Ihnen, das erarbeitete Wissen sofort praktisch in der Falllösung umzusetzen. Wichtig für ein erfolgreiches Studium ist eine fallorientierte Vorgehensweise. Im Examen lösen Sie Fälle und schreiben keine wissenschaftlichen Aufsätze!

Bevor wir uns mit der Willenserklärung beschäftigen, ist die Einordnung in das oben dargestellte System notwendig. Wir befinden uns im Rahmen der **vertraglichen Ansprüche**. Die Willenserklärung ist der erste und entscheidende Schritt in der Prüfung, ob der **vertragliche Anspruch entstanden** ist.

Definition WE

Die Willenserklärung (WE) ist eine private Willensäußerung, die auf die Erzielung einer Rechtsfolge gerichtet ist.

21

A. Arten von Willenserklärungen

Es ist zwischen empfangsbedürftigen und nicht empfangsbedürftigen Willenserklärungen zu unterscheiden:

empfangsbedürftige WE

Empfangsbedürftige Willenserklärungen sind solche, die an eine andere Person gerichtet sind. Da der Empfänger sich auf die neue Rechtslage einstellen muss, wird eine solche Willenserklärung erst dann wirksam, wenn sie dem Erklärungsempfänger **zugeht**.

22

So muss z.B. die Kündigungserklärung des Vermieters dem Mieter auch zugehen. Der Mieter muss sich auf die neue Situation einstellen können und sich eine neue Wohnung suchen. Daher ist die Kündigungserklärung eine empfangsbedürftige Willenserklärung.

nicht empfangsbedürftige WE

Nicht empfangsbedürftige Willenserklärungen sind solche, die nicht an eine andere Person gerichtet sind.

23

Ein Testament ist z.B. eine solche nicht empfangsbedürftige Willenserklärung. Niemand - weder die Bedachten, noch sonstige Personen - haben ein berechtigtes Interesse daran, schon vor dem Tod des Erblassers zu erfahren, wer ihn beerben wird. Möglicherweise will der Erblasser ja gerade sein Testament geheim halten, um sich Streitigkeiten in der Familie zu ersparen.

B. Bestandteile der Willenserklärung

zwei Elemente

Die Willenserklärung als solche (unabhängig davon, ob sie empfangsbedürftig ist oder nicht) besteht aus zwei Elementen, dem inneren Willen und der Äußerung dieses Willens. Der innere Wille und dessen Äußerung bilden als Willenserklärung eine Einheit.

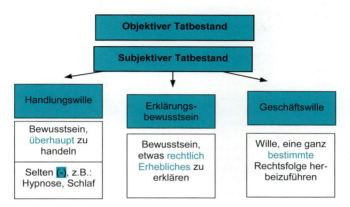

I. Äußerer (oder objektiver) Tatbestand

äußerer Tatbestand

Die Äußerung des Willens wird als äußerer Tatbestand der Willenserklärung bezeichnet. Er liegt dann vor, wenn das Verhalten des Erklärenden für den objektiven Betrachter den Schluss auf das Vorliegen eines Rechtsbindungswillens zulässt. Dieser Wille muss also darauf gerichtet sein, eine konkrete Rechtsfolge herbeizuführen, die auf die Begründung, inhaltliche Änderung oder Beendigung eines privaten Rechtsverhältnisses abzielt.

24

ausdrückliche und konkludente WE

Die Äußerung des Willens kann ausdrücklich, z.B. durch Sprechen (sog. **ausdrückliche Willenserklärung**), oder durch schlüssiges Handeln, wie z.B. Nicken (sog. **konkludente Willenserklärung**), erfolgen.

Klausurtipp 👍

hemmer-Methode: Beachten Sie: <u>Schweigen ist grundsätzlich keine Willenserklärung</u>. Schickt Ihnen jemand Ware zu und schreibt, er gehe davon aus, dass Sie die Ware kaufen wollen, wenn Sie sich innerhalb einer Woche nicht melden, dann kommt durch Ablauf dieser Frist kein Vertrag zustande, vgl. Sie auch § 241a BGB! Eine Ausnahme von diesem Grundsatz findet sich in den §§ 346, 362 HGB. Sie beruht auf den Besonderheiten des Handelsrechts.

Vertiefung

Näheres zu Problemen des Schweigens im Rechtsverkehr lesen Sie in den Fällen 19, 20 und 21 in „Die 76 wichtigsten Fälle BGB AT".

II. Innerer (oder subjektiver) Tatbestand

innerer Tatbestand
Dreiteilung

Der innere Wille wird auch als innerer oder subjektiver Tatbestand bezeichnet. Er wird in einen Handlungs-, Erklärungs- und Geschäftswillen aufgeteilt: 25

1. Handlungswille

⇨ *Handlungswille*

Unter dem Handlungswillen versteht man das Bewusstsein zu handeln. 26

> **Bspe.:** *Sprechen, nicken, Kopfschütteln usw. <u>Beachten</u> Sie bitte: Werden Handlungen durch Drohung veranlasst, liegt trotzdem Handlungswille vor. Der Handelnde will zwar nicht handeln, er **handelt** aber dennoch **bewusst** und darauf kommt es an (aber dann an Anfechtung gem. § 123 I BGB denken)! Nur bei unbewussten Bewegungen, wie z.B. Reflexen, fehlt der Handlungswille.*

2. Erklärungswille oder Erklärungsbewusstsein

⇨ *Erklärungsbe-*
wusstsein

Der Erklärungswille ist das Bewusstsein des Handelnden, dass seine Handlung **irgendeine rechtlich erhebliche Erklärung** darstellt. Dem Handelnden muss klar sein, dass er überhaupt rechtsgeschäftlich tätig wird. 27

> **Bsp.:** *A unterschreibt ein Kaufangebot in der Meinung, es handle sich um eine Kündigungserklärung. Das Erklärungsbewusstsein fehlt hier nicht, denn A ist klar, dass er etwas rechtlich Erhebliches erklärt.*

3. Geschäftswille

⇨ *Geschäftswille*

Als Geschäftswillen bezeichnet man schließlich den Willen, mit der Erklärung eine **bestimmte Rechtsfolge** herbeiführen zu wollen. 28

> **Bsp.:** *A will B zum Preis von 12.530,- € ein Auto verkaufen. Gibt er B gegenüber eine entsprechende Erklärung ab, entspricht diese seinem Geschäftswillen. Verspricht er sich aber, indem er den Kaufpreis von 12.350,- € angibt, liegt zwar das Erklärungsbewusstsein vor, weil A etwas rechtlich Erhebliches tun wollte. Jedoch fehlt der Geschäftswille, da er diese konkrete Rechtsfolge (Auto für 12.350,- €) nicht herbeiführen wollte.*

Klausurtipp

hemmer-Methode: Liegt schon kein Erklärungsbewusstsein vor, erübrigen sich Ausführungen zum Geschäftswillen! Wer gar nichts rechtlich Erhebliches will, kann auch nicht etwas konkret Rechtliches wollen.

III. Fehlen der Bestandteile des inneren Tatbestandes

Probleme treten auf, wenn Bestandteile des inneren Tatbestandes fehlen.

fehlender Handlungswille

1. Fehlt der Handlungswille, liegt keine Willenserklärung vor. Der Handlungswille ist notwendiger Bestandteil einer Willenserklärung.

29

fehlender Geschäftswille

2. Ist der Geschäftswille fehlerhaft, so hindert dies die Annahme einer Willenserklärung nicht. Die abgegebene Willenserklärung ist jedoch anfechtbar (also ex tunc vernichtbar, § 142 I BGB) nach §§ 119 ff. BGB. Wäre der konkrete Geschäftswille für die Wirksamkeit einer Willenserklärung erforderlich, wären die Regeln über die Anfechtung überflüssig, denn es entstünde überhaupt keine anfechtbare Willenserklärung.

30

Da das Gesetz aber die Anfechtung vorsieht, kann daraus der Umkehrschluss gezogen werden, dass der Geschäftswille nicht notwendiger Bestandteil einer Willenserklärung sein kann.

fehlendes Erklärungsbewusstsein

3. Umstritten sind hingegen die Folgen beim **Fehlen des Erklärungsbewusstseins**.

31

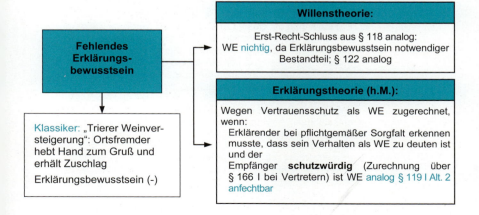

m.M.: Willenstheorie,
§ 118 BGB analog

a) Nach der **Willenstheorie** ist das Erklärungsbewusstsein ein notwendiger Bestandteil der Willenserklärung. Fehlt dieses, wird in analoger Anwendung des § 118 BGB angenommen, dass keine Willenserklärung vorliegt.

h.M.: Erklärungs-
theorie,
§ 119 BGB analog

b) Die **Erklärungstheorie** geht dagegen vom Gesichtspunkt des Vertrauensschutzes aus. Grundsätzlich soll dem Erklärenden sein **Verhalten als Willenserklärung zugerechnet** werden, wenn er bei pflichtgemäßer Sorgfalt hätte erkennen können, dass sein Verhalten als Willenserklärung zu deuten ist (Verantwortungsprinzip). Schließlich vertraut der Erklärungsempfänger darauf, dass der Erklärende mit Erklärungsbewusstsein handelt. Das Erklärungsbewusstsein ist also kein notwendiger Bestandteil der Willenserklärung. Fehlt dieses, liegt dennoch eine Willenserklärung vor. Allerdings steht dem Erklärenden die Möglichkeit zu, diese Willenserklärung in analoger Anwendung des § 119 I Alt. 2 BGB anzufechten.

Etwas anderes gilt nur dann, wenn der Empfänger den Mangel des Erklärungsbewusstseins kennt. In diesem Fall wird das Verhalten des Erklärenden ihm **nicht als Willenserklärung zugerechnet**, da es an der Schutzwürdigkeit des Erklärungsempfängers fehlt. Das Vorliegen einer Willenserklärung wird also in diesem Fall verneint.

Klausurtipp ✍

hemmer-Methode: Bei der Darstellung der verschiedenen Ansichten in der Klausur sollten Sie so vorgehen: Stellen Sie fest, dass beim Fehlen des Erklärungswillens die Rechtsfolgen streitig sind. Dann stellen Sie die Willenstheorie dar und wenden diese auf den konkreten Fall an, um zu sehen, zu welchem Ergebnis diese führt. Danach stellen Sie die Erklärungstheorie dar und arbeiten wiederum heraus, welches Ergebnis man mit diesem Ansatz erhalten würde.
Auf diese Weise erhalten Sie mehrere Ergebnisse. Dann müssen Sie die sog. Relevanzprüfung durchführen: Sie müssen feststellen, ob der Streit für die konkrete Falllösung von Bedeutung ist. Stimmen die Ergebnisse überein, ist der Streit irrelevant. Eine Entscheidung zwischen den zwei Ansichten muss dann nicht erfolgen. Kommen die Ansichten dagegen zu unterschiedlichen Ergebnissen, ist eine Streitentscheidung notwendig. Nun müssen Sie beide Ansichten abwägen und argumentieren, warum Sie eine der Ansichten bevorzugen.
Versuchen Sie das Problem dann eigenständig zu bewerten, indem Sie Argumente pro und contra gegeneinander abwägen.

32

c) Die Erklärungstheorie trägt dem Vertrauensschutz Rechnung, lässt aber zugleich Ausnahmen bei fehlender Schutzwürdigkeit des Erklärungsempfängers zu. Daher ist letztlich dieser Auffassung zu folgen.

Dazu ein Fall: A sagt, er möchte das Mountainbike für 900,- € kaufen. B erwidert, er habe das Fahrrad bereits an C verkauft. Er habe aber noch ein weiteres Mountainbike, das allerdings 50,- € teurer sei und 950,- € kostet. B fragt A, ob er dieses kaufen wolle. Daraufhin nickt A, allerdings nicht, um das Angebot anzunehmen, sondern um seinen draußen vorbeigehenden Freund F zu grüßen.

Hat B einen Anspruch auf Zahlung von 950,- €?

Formulierungsbeispiel

*Ein Anspruch des B könnte sich aus **§ 433 II BGB** ergeben.*

*Dazu bedarf es eines wirksamen Kaufvertrages. B hat gegenüber A ein **Angebot** i.S.d. § 145 BGB zum Verkauf des Mountainbikes für 950,- € gemacht. Fraglich ist hier, ob in dem Kopfnicken durch A die **Annahme** des Angebots des B zu sehen ist.*

Grundsätzlich muss eine Willenserklärung nicht ausdrücklich abgegeben werden. Dies kann auch konkludent geschehen. Der äußere Tatbestand einer Willenserklärung ist also gegeben.

*Fraglich ist, ob auch der innere Tatbestand vorliegt. A hatte Handlungswillen, denn er wollte mit dem Kopf nicken. Er wollte allerdings lediglich seinen Freund F grüßen und nichts Rechtliches erklären. Ihm **fehlte** also das **Erklärungsbewusstsein**.*

Nach der Willenstheorie liegt beim fehlenden Erklärungsbewusstsein keine Willenserklärung vor. A hat danach keine Willenserklärung abgegeben. Ein Kaufvertrag ist nicht zustande gekommen. B hat keinen Anspruch auf 950,- €.

*Nach der Erklärungstheorie wird dem Erklärenden sein Verhalten **als Willenserklärung zugerechnet**, wenn er erkennen musste, dass der Erklärungsempfänger das Verhalten als Willenserklärung deuten würde, und wenn der Erklärungsempfänger nicht wusste, dass dem Erklärenden das Erklärungsbewusstsein fehlt.*

A befand sich mit B in Verkaufsverhandlungen. Ihm musste klar gewesen sein, dass sein Kopfnicken von B durchaus als Annahme des Angebots verstanden werden durfte und musste. B war das fehlende Erklärungsbewusstsein des A nicht bekannt. Ein Kaufvertrag ist nach dieser Ansicht zustande gekommen. B hat danach also einen Anspruch auf 950,- €.

Der Erklärungstheorie ist zu folgen. Im Gegensatz zur Willenstheorie schützt sie nicht nur eine der Parteien, sondern schafft einen gerechten Ausgleich zwischen den Beteiligten. Das Vertrauen des Erklärungsempfängers wird geschützt, es sei denn, er ist nicht schutzwürdig. Dann genießen die Interessen des Erklärenden Vorrang. Bei der Willenstheorie wird dagegen nur das Interesse des Erklärenden berücksichtigt.

Ergebnis: *B hat daher einen Anspruch auf Zahlung von 950,- € aus § 433 II BGB. Beachten Sie jedoch schon hier, dass A seine Willenserklärung analog § 119 I Alt. 2 BGB anfechten kann. Wenn er schon bei fehlendem Geschäftswillen anfechten kann, dann muss dies erst recht möglich sein, wenn zusätzlich kein Erklärungsbewusstsein vorhanden ist. Zu den Folgen einer Anfechtung, s.u.*

Vertiefung

Arbeiten Sie zu dem obigen Problem den Fall 1 in „Die 76 wichtigsten Fälle BGB AT" durch. Das ermöglicht Ihnen, Ihr Wissen unter Anwendungsgesichtspunkten besonders gut zu festigen!

IV. Rechtsbindungswille

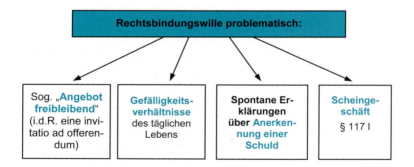

Schwierigkeit macht die dogmatische Einordnung des 32a sog. Rechtsbindungswillens. Ohne saubere Verortung werden unter diesem Oberbegriff bestimmte Fälle behandelt.

Fehlt einer der Parteien der Rechtsbindungswille, so hat der Erklärende kein Erklärungsbewusstsein. Es handelt sich um ein Problem der Anfechtung, wenn trotz fehlendem Erklärungsbewusstsein das Verhalten als Willenserklärung zugerechnet wird (so schon oben Rn. 31 f.).

Unter dem Begriff „fehlender Rechtsbindungswille" wird aber auch der Fall subsumiert, bei dem beide Parteien sich nicht rechtlich binden wollen. **Dieser Fall wird nicht in das klassische Willenserklärungsschema eingeordnet. Es geht nicht um die Frage, ob ein zustande gekommener Vertrag wegen fehlendem Erklärungsbewusstsein anfechtbar ist, sondern um die Frage, ob überhaupt eine vertragliche Bindung entstanden ist.**

> *Bsp.: Einladung zum Abendessen. Hier sollen keine Primär- (Leistungsanspruch auf Essen) oder Sekundäransprüche (vertragliche Schadensersatzansprüche) entstehen.*

Häufig ist aber nicht klar, ob die Beteiligten eine rechtliche Bindung überhaupt wollen, so **z.B.** wenn sie sich keine Gedanken darüber gemacht haben. **Zum Teil wird in diesen Fällen eine rechtliche Bindung von der Rechtsordnung als zu weitgehend abgelehnt.**

> *Bsp.: A nimmt den Tramper B von München mit nach Hamburg. Es handelt sich hier um eine bloße Gefälligkeit des täglichen Lebens und nicht um einen Auftrag gem. §§ 662 ff. BGB.*

Anders aber in diesem Fall:

> *Bsp.: Für ein Transportgeschäft benötigt der Inhaber einen Aushilfsfahrer. Er bittet seinen Bekannten B, ihm einen Fahrer zu überlassen. Dieser sagt zu. Der bisher zuverlässige Fahrer beschädigt bei einem Fahrfehler den Lkw. Dieser wird abgeschleppt. A verlangt von B Schadensersatz.*

Ein Anspruch aus § 831 I BGB gegen B entfällt, da sich B exkulpieren kann, vgl. § 831 I S. 2 BGB. Deshalb ist entscheidend, ob ein vertraglicher Anspruch gem. §§ 280 I, 278 BGB (keine Exkulpationsmöglichkeit!) in Betracht kommt. Dazu müsste ein Schuldverhältnis vorliegen. Dies ist nur bei entsprechendem Rechtsbindungswillen zu bejahen. Das ist vorliegend der Fall: Hier ist nicht nur von einer bloßen Gefälligkeit auszugehen, sondern es liegt ein Auftrag in Form eines sog. Dienstverschaffungsvertrags vor. Indiz dafür ist Grund, Art, Zweck, wirtschaftliche und rechtliche Bedeutung für den Empfänger. Mit maßgebend ist auch der hohe Wert des zu steuernden Lkws. Im Rahmen des § 280 I BGB wird dem B der Fahrer gem. § 278 I BGB zugerechnet, da er mit Wissen und Wollen als Erfüllungsgehilfe für B tätig geworden ist.

Klausurtipp

hemmer-Methode: Folgeproblem ist in diesen Fällen häufig noch die Frage einer Haftungsmilderung in Analogie zu einem gesetzlichen Haftungsprivileg, z.B. §§ 521, 599, 690 BGB, oder sogar eines stillschweigenden Haftungsausschlusses. Lernen Sie frühzeitig, auch an die Folgeprobleme zu denken. In der Klausur können Sie nur so punkten.

Vertiefung

Arbeiten Sie zu dem obigen Problem den Fall 2 und 3 in „Die 76 wichtigsten Fälle BGB AT" durch.

C. Wirksamwerden der Willenserklärung

Als nächstes beschäftigen wir uns damit, wann Willenserklärungen wirksam werden.

33

Für das Wirksamwerden einer **nicht empfangsbedürftigen Willenserklärung** genügt bereits ihre Abgabe.

Bei der **empfangsbedürftigen Willenserklärung** sind deren *Abgabe* und der *Zugang* beim Empfänger notwendig.

I. Abgabe

Abgabe

Es ist nicht gesetzlich geregelt, was unter **Abgabe** einer Willenserklärung zu verstehen ist. Gemeinhin versteht man darunter die **„willentliche Entäußerung einer Erklärung in den Rechtsverkehr"**.

34

hemmer-Methode: Merken Sie sich dazu den klassischen Fall: Eine Bestellkarte, die zum nochmaligen Überdenken auf dem Schreibtisch des A liegt, wird von der Haushälterin B eingeworfen. Ein teurer Flachbildschirmfernseher wird daraufhin von C geliefert. Kann C von A Bezahlung des Fernsehers verlangen? In Betracht kommt ein Anspruch gem. **§ 433 II BGB**. Dazu müsste ein wirksamer Kaufvertrag zwischen A und C geschlossen worden sein. Die Bestellkarte könnte ein Angebot des A sein, das dem C auch zugegangen sein könnte. Hier fehlt es aber bereits an der *willentlichen* Entäußerung, also an der Abgabe. In diesem Fall der *„abhanden gekommenen Willenserklärung"* liegt schon keine wirksame Willenserklärung vor, denn eine nicht abgegebene Willenserklärung kann auch nicht zugehen. Damit besteht kein Anspruch auf Kaufpreiszahlung gem. § 433 II BGB.

Klausurtipp

Es kommt dann jedoch eine Haftung des A in analoger Anwendung des § 122 I BGB bzw. nach a.A. aus **§§ 280 I, 311 II, 241 BGB** (c.i.c.) in Betracht. Der C vertraut auf die Wirksamkeit der Erklärung. Für die Schutzwürdigkeit dieses Vertrauens spielt es keine Rolle, ob die Erklärung zwar abgegeben, aber wirksam angefochten wurde, oder ob schon gar keine Abgabe im juristischen Sinne vorliegt.

Dies ist für den Empfänger ja nicht erkennbar. Diese Ansprüche gehen aber nur auf das sog. negative Interesse, also den Vertrauensschaden (z.B. die Versandkosten), nicht aber auf das positive Interesse (Erfüllungsinteresse, hier den Kaufpreis).

Vertiefung

Arbeiten Sie hierzu Fall 10 in „Die 76 wichtigsten Fälle BGB AT" nach!

II. Zugang

Zugang

Hier ist danach zu unterscheiden, ob die Willenserklärung gegenüber Abwesenden, vgl. § 130 I BGB, oder gegenüber Anwesenden abgegeben wird.

1. Gegenüber Abwesenden

unter Abwesenden

Eine Willenserklärung geht einem Abwesenden zu, wenn: 35

⇨ sie so in den Machtbereich des Empfängers gelangt ist,

⇨ dass dieser unter gewöhnlichen Umständen von ihr Kenntnis erlangen <u>kann</u>.

Merken Sie sich: Die tatsächliche Kenntnisnahme ist nicht erforderlich!

2. Gegenüber Anwesenden

unter Anwesenden

Für das Wirksamwerden einer empfangsbedürftigen Willenserklärung gegenüber einem Anwesenden fehlt eine gesetzliche Regelung. Hier ist der Grundgedanke des § 130 BGB zu berücksichtigen und danach zu unterscheiden, ob es sich um eine schriftliche oder um eine mündliche Willenserklärung handelt.   36

a) Eine **schriftliche** Erklärung wird regelmäßig mit Übergabe an den Empfänger wirksam, denn damit gelangt die Willenserklärung in den Machtbereich des Empfängers, so dass dieser unter gewöhnlichen Umständen von ihr Kenntnis nehmen kann.   37

b) Eine **mündliche** Erklärung wird mit der Abgabe regelmäßig wirksam, da der Empfänger in diesem Zeitpunkt die Erklärung zur Kenntnis nimmt. *38*

Was gilt aber, wenn der Empfänger die Erklärung falsch versteht? *39*

M.M.: Vernehmungstheorie

aa) Nach der sog. **Vernehmungstheorie** liegt ein Zugang nur vor, wenn der Empfänger die Erklärung zutreffend verstanden hat. Bei einem Missverständnis seitens des Empfängers wird die Willenserklärung nicht wirksam. Der Erklärende trägt somit das Risiko eines möglichen Verhörens.

Diese Ansicht lastet aber das Risiko des Verhörens einseitig dem Erklärenden auf, obwohl auf Seiten des Empfängers z.B. Taubheit oder mangelnde Sprachkenntnisse vorliegen können, von denen der Erklärende keine Kenntnis hat.

h.M.: eingeschränkte Vernehmungstheorie

bb) Daher geht die herrschende sog. **eingeschränkte Vernehmungstheorie** davon aus, dass es für den Zugang der Erklärung genügt, wenn der Erklärende damit rechnen durfte, richtig verstanden zu werden.

Diese Ansicht trägt dem Interesse des Verkehrsschutzes und der angemessenen Risikoverteilung Rechnung.

Der Erklärende darf darauf vertrauen, dass seine Erklärung richtig und vollständig verstanden wurde, wenn er sie deutlich und vollständig abgegeben hat. Dem Empfänger ist es zuzumuten nachzufragen, falls er etwas nicht verstanden hat.

Vertiefung

Um diese Problematik voll in den Griff zu bekommen, empfehlen wir Ihnen, Fall 12 in „Die 76 wichtigsten Fälle BGB AT" nachzuarbeiten. Das zeigt Ihnen, wie dieses Problem in einem Fall vorkommen kann!

Klausurtipp

hemmer-Methode: Typisches Klausurproblem ist der Zugang gegenüber einem Minderjährigen! Beim Wirksamwerden einer gegenüber einem nicht voll Geschäftsfähigen abgegebenen Willenserklärung ist danach zu unterscheiden, ob der Empfänger geschäftsunfähig oder beschränkt geschäftsfähig ist (dazu später mehr unter Rn. 69). Unerheblich ist dagegen, ob es sich um eine Erklärung unter Anwesenden oder unter Abwesenden handelt.

Die Erklärung gegenüber einem Geschäftsunfähigen wird wirksam, wenn sie dem gesetzlichen Vertreter (das sind i.d.R. die Eltern, § 1629 I BGB) zugeht, § 131 I BGB. Für die Erklärung gegenüber einem beschränkt Geschäftsfähigen gilt grundsätzlich das Gleiche, § 131 II S. 1 BGB. Da aber ein beschränkt Geschäftsfähiger eine wirksame Willenserklärung abgeben kann, wenn diese ihm einen lediglich rechtlichen Vorteil bringt oder der gesetzliche Vertreter zustimmt (§§ 107 ff. BGB), ist auch eine gegenüber dem beschränkt Geschäftsfähigen abgegebene Willenserklärung in diesen Fällen mit dem Zugang an ihn wirksam, § 131 II S.2 BGB.

Hauptbeispiel: Dem Minderjährigen wird Vollmacht erteilt. Diese ist lediglich rechtlich vorteilhaft, da sie das rechtliche Können des Minderjährigen erweitert, er kann jetzt einen Dritten berechtigen und verpflichten (vgl. auch § 165 BGB), und das ohne Nachteile, vgl. § 179 III S. 2 BGB.

Vertiefung

Lesen Sie zu dieser Problematik Fall 13 in „Die 76 wichtigsten Fälle BGB AT".

3. Widerruf der Willenserklärung

Widerruf, § 130 I S. 2 BGB

Trotz Zugangs der Willenserklärung wird diese nicht wirksam, wenn dem Empfänger vor oder gleichzeitig mit ihrem Zugang ein Widerruf zugeht, § 130 I S. 2 BGB. Nur bei vorherigem oder gleichzeitigem Widerruf ist das Vertrauen des Empfängers auf die Wirksamkeit der ihm zugegangenen Willenserklärung nicht geschützt.

40

Problematisch sind die Fälle, in denen der Widerruf *nach* der zu widerrufenden Willenserklärung zugeht, der Empfänger tatsächlich jedoch zuerst den Widerruf zur Kenntnis nimmt und damit nicht auf die Wirksamkeit der Erklärung vertraut.

41

> *Bsp.: A hat B ein Angebot unterbreitet, diesem sein Auto für 15.000,- € zu verkaufen. B hat dieses Angebot schriftlich angenommen und den Brief bei A am 03.09. um 22.30 Uhr in den Briefkasten des A eingeworfen. Auf dem Heimweg überlegt es sich B jedoch anders. Er formuliert daher einen Widerruf, den er am 04.09. um 13.30 Uhr in den Briefkasten des A einwirft. A liest zuerst den Widerruf. Wie ist die Rechtslage?*

Teilweise wird streng nach dem Gesetzeswortlaut vorgegangen. § 130 I S. 2 BGB setzt voraus, dass der Widerruf „vorher oder gleichzeitig mit der Willenserklärung zugeht".

> Für das obige Beispiel würde das bedeuten: Mit dem Einwurf der Annahme ist die Willenserklärung des B so in den Machtbereich des A gelangt, dass dieser unter gewöhnlichen Umständen (Briefkastenleerung vor Mittag) die Möglichkeit hatte, von ihr Kenntnis zu nehmen.

Erst am Nachmittag wurde der Widerruf eingeworfen. Damit ist der Widerruf weder vorher noch gleichzeitig mit der Annahme zugegangen. Daher ist B an seine Willenserklärung gebunden. A kann nach dieser Ansicht von ihm den Kaufpreis gem. § 433 II BGB verlangen.

Andere wollen aber die Wirksamkeit des Widerrufs bejahen, da der Empfänger nicht schutzwürdig ist, denn schließlich hat er die eigentliche Erklärung noch gar nicht gekannt, als er den Widerruf zur Kenntnis nahm.

Nach dieser Ansicht wäre B also nicht an seine Willenserklärung gebunden. Der Widerruf wäre wirksam. A hätte somit keinen Anspruch gegen B aus § 433 II BGB auf Kaufpreiszahlung.

Die letztgenannte Ansicht trägt zwar dem Rechtsgedanken des § 130 I S. 2 BGB (Schutzwürdigkeit) Rechnung, jedoch wird es in der Praxis häufig schwierig sein, zu beweisen, dass der Empfänger den Widerruf zuerst zur Kenntnis genommen hat.

Klausurtipp ✍

hemmer-Methode: Sie können in der Klausur natürlich anderer Meinung sein. Auf das Ergebnis kommt es in den seltensten Fällen an. Wichtig ist allein, das Problem überhaupt zu erkennen. Argumentieren Sie dann sauber und wägen Sie pro und contra ab!

Vertiefung

Arbeiten Sie zu der Problematik des Widerrufs Fall 15 in „Die 76 wichtigsten Fälle BGB AT" durch.

4. Zugang bei Einschaltung einer Übermittlungsperson

Besondere Probleme ergeben sich, wenn eine Übermittlungsperson eingeschaltet wird. Wann der Zugang der Willenserklärung dann erfolgt, hängt davon ab, ob diese Mittelsperson Empfangsvertreter, Empfangsbote oder Erklärungsbote ist.

Empfangsvertreter

a) Handelt es sich um einen **Empfangsvertreter** (zur Stellvertretung s.u. Rn. 145 ff.), so ist die Erklärung dem Vertretenen bereits mit dem Zugang bei dem Vertreter zugegangen, § 164 III BGB.

42

Bsp.: V ist der Stellvertreter des A. A macht B ein Angebot über den Verkauf seines Unternehmens. B nimmt das Angebot an, indem er dem V gegenüber erklärt, dass er mit dem Angebot einverstanden ist. Mit der Erklärung gegenüber V ist die Annahmeerklärung des B zugegangen.

Empfangsbote

b) Ist die Übermittlungsperson **Empfangsbote**, so geht die　**43**
Erklärung zu dem Zeitpunkt dem Empfänger zu, zu dem regelmäßig die Weitergabe an ihn zu erwarten ist. Empfangsbote ist eine Person, die zur Entgegennahme der Erklärung
vom Empfänger der Willenserklärung ermächtigt ist.

> *Bsp.: A erwartet einen wichtigen Anruf von einem Kun
> den. Da er aber nicht zuhause ist, bittet er seine Ehefrau
> E, das Telefonat für ihn entgegen zu nehmen. Kunde K
> erklärt E, dass er von A ein Fahrzeug erwerben möchte.*
>
> *Dieses Angebot geht zu dem Zeitpunkt zu, an dem damit
> zu rechnen ist, dass E dem A von dem Anruf des K er
> zählt. Das wird wohl dann sein, wenn A wieder nach
> Hause kommt.*

Übermittelt der Empfangsbote die Erklärung falsch, verspätet oder überhaupt nicht, so geht das zu Lasten des Erklärungsempfängers (*also zu Lasten des A*).

Die Erklärung geht aber gar nicht zu, wenn der Empfangsbote die Entgegennahme einer schriftlichen Erklärung ablehnt.

Erklärungsbote

c) Ist die Mittelsperson weder Empfangsvertreter noch Emp　**44**
fangsbote, so trägt der Erklärende die Gefahr der richtigen
und rechtzeitigen Übermittlung. Die Übermittlungsperson,
die *er selbst* benutzt, nennt man **Erklärungsbote.** Zugang
liegt erst mit der tatsächlichen Übermittlung der Erklärung
vor. Übermittelt der Erklärungsbote die Willenserklärung
falsch oder gar nicht, so geht das zu Lasten des Erklärenden.

> *Bsp.: A will B eine Kündigung überbringen. Allerdings
> trifft er B zuhause nicht an. Daher hinterlässt er das Kün
> digungsschreiben bei der Nachbarin N. N ist dann Erklä
> rungsbotin des A. Die Kündigungserklärung geht B erst
> zu, wenn N dem B diese tatsächlich übergibt. Vergisst sie
> den Brief, geht das zu Lasten des A: Es liegt dann kein
> Zugang vor.*

Vertiefung

Arbeiten Sie zu dem oben dargestellten Problem den Fall 11
in „Die 76 wichtigsten Fälle BGB AT" durch.

5. Zugangshindernisse

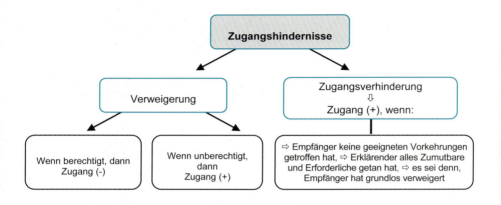

Problematisch und gesetzlich nicht geregelt sind die Fälle, in denen die Willenserklärung wegen eines Verhaltens des Empfängers diesem nicht oder zu spät zugeht.

Verweigerung

a) Bei einer Verweigerung der Annahme der schriftlichen Erklärung bzw. Verweigerung des Anhörens der mündlichen Erklärung ist zwischen der berechtigten und der unberechtigten **Verweigerung** zu unterscheiden.

45

aa) Liegt eine **berechtigte Verweigerung** vor, so geht diese zu Lasten des Erklärenden.

> *Bsp.: Der Empfänger verweigert die Annahme eines ungenügend frankierten Briefes, weil er kein Strafporto zahlen will. Die Willenserklärung ist nicht zugegangen. Der Erklärende muss erneut für Zugang sorgen.*

bb) Eine **unberechtigte Verweigerung** geht dagegen zu Lasten des Erklärungsempfängers.

> *Bsp.: Arbeitgeber A bringt Arbeitnehmer B eine Kündigung. Weil B aber ahnt, dass es sich bei dem Schreiben um eine Kündigung handelt, schlägt B dem A die Tür vor der Nase zu und verweigert so die Annahme der Willenserklärung. Die Kündigung ist B zugegangen, denn er war in der Lage, in zumutbarer Weise vom Inhalt der Erklärung Kenntnis zu nehmen.*

Zugangsverzögerung/ verhinderung

b) Vereitelt der Erklärungsempfänger den rechtzeitigen Zugang, spricht man von **Zugangsverzögerung bzw. Zugangsverhinderung**.

46

Bsp.: Obwohl A dem B eine Kündigung angekündigt hat, fährt dieser für eine längere Zeit in den Urlaub, ohne seine Urlaubsanschrift beim Arbeitgeber A zu hinterlassen und ohne einen Briefkasten an seinem Haus anzubringen. Weil unter diesen Umständen der Brief nicht rechtzeitig zugehen kann, konnte die Kündigung nicht fristgemäß erfolgen und ist daher unwirksam.

Der Empfänger B ist nicht schutzwürdig, denn er hat die notwendigen Vorkehrungen für einen rechtzeitigen Zugang unterlassen.

Grds.: erneute Zustellung erforderlich

Grundsätzlich müsste der Erklärende A aber erneut unverzüglich die Kündigung zustellen lassen. Nur dann kann die Willenserklärung als rechtzeitig zugegangen angesehen werden.

Ausnahme: wirksam auch ohne erneuten Zugang!

Allerdings hat B von der bevorstehenden Kündigung gewusst. Dennoch ist er verreist, ohne irgendwelche Vorkehrungen zu treffen. Durch dieses Verhalten wollte er eine Fristversäumung herbeiführen, um dann die Kündigung als verspätet ablehnen zu können. Darin ist eine arglistige Zugangsvereitelung zu sehen. B kann sich nicht auf die Verzögerung berufen. Die Kündigung gilt als rechtzeitig zugegangen, ohne dass dem B diese tatsächlich zugehen muss.

Merken Sie sich:

⇨ Wer mit dem Eingang rechtsgeschäftlicher Willenserklärungen rechnen muss, muss grundsätzlich durch **geeignete Vorkehrungen** sicherstellen, dass ihn die Erklärungen auch erreichen. Das Verzögerungsrisiko trägt in diesem Fall der Empfänger.

⇨ Der Erklärende muss allerdings alles Erforderliche und Zumutbare tun, damit seine Erklärung den Adressaten erreicht, d.h. u.U. erneut unverzüglich zustellen.

⇨ Eine wiederholte Zustellung ist jedoch dann **entbehrlich**, wenn der Adressat den Zugang grundlos verhindert oder den **Zugang arglistig vereitelt**.

Vertiefung

hemmer-Methode: Arbeiten Sie Fall 14 in „Die 76 wichtigsten Fälle BGB AT" durch. Dieser macht Sie mit allen relevanten Problemen zu diesem Themenbereich vertraut.

D. Willensmängel

Damit der Primäranspruch entsteht, müssen, wie oben ge- **47**
sehen, die tatbestandlichen Voraussetzungen erfüllt sein,
z.B. Abgabe und Zugang der Willenserklärung. **Rechtshindernde Einwendungen** dürfen dagegen gerade nicht vorliegen (vgl. o.). Sie **hindern** die **Entstehung** des **Primäranspruchs**. Rechtshindernde Einwendungen sind z.B. das gesetzliche Verbot gem. § 134 BGB, sittenwidrige Verträge
gem. § 138 BGB, Verstöße gegen die Formvorschriften
(§ 125 BGB), der geheime Vorbehalt gem. § 116 BGB, die
Scherzerklärung gem. § 118 BGB und das Scheingeschäft
gem. § 117 BGB.

Im Folgenden werden zunächst der geheime Vorbehalt, die
Scherzerklärung und das Scheingeschäft dargestellt. Das
gesetzliche Verbot, die sittenwidrigen Verträge und die
Formvorschriften werden ausführlich in §§ 7 und 8 behandelt. Wichtig für Sie ist, die Systematik zu verstehen und die
Probleme in der Klausur richtig einordnen zu können. Vergegenwärtigen Sie sich deshalb immer das oben dargestellte Prüfungsschema des einzelnen Anspruchs (Rn. 18 ff.).

Die §§ 116 – 118 BGB betreffen Fälle, in denen Wille und
Erklärung **bewusst** auseinander fallen.

§ 116 BGB

I. Geheimer Vorbehalt

geheimer Vorbehalt =
„insgeheim"

Ein geheimer Vorbehalt liegt vor, wenn der Erklärende eine **48**
Willenserklärung abgibt und sich **insgeheim** vorbehält, das
Erklärte nicht zu wollen.

> **Bsp.:** *A kündigt B das Mietverhältnis, obwohl er das in*
> *Wirklichkeit nicht will. Er will vielmehr so erreichen, dass*
> *B zu Kreuze kriecht und ihn anfleht, das Mietverhältnis*
> *fortzusetzen.*

Die Frage, ob eine solche Willenserklärung rechtliche Wirkung entfaltet oder nicht, richtet sich nach den Interessen
der Beteiligten. Der Erklärende möchte durch seine Erklärung nicht gebunden werden. Der Empfänger hat ein Interesse an der Wirksamkeit der Erklärung (**Vertrauensschutz**).

keine Kenntnis = WE
wirksam, sog. „böser
Scherz"

1. Kennt der Erklärungsempfänger den Vorbehalt nicht, ist
die Erklärung in seinem Interesse gültig, § 116 S. 1 BGB.
Schließlich vertraut der unwissende Empfänger auf die Willenserklärung.

Kenntnis = WE nichtig	**2.** Kennt der Erklärungsempfänger den geheimen Vorbehalt, bedarf er nach den Wertungen des Gesetzes keines Schutzes. Deshalb ist die Willenserklärung in diesem Fall gem. § 116 S. 2 BGB nichtig.
Vertiefung	Festigen Sie Ihr theoretisches Wissen über den geheimen Vorbehalt, indem Sie Fall 6 in „Die 76 wichtigsten Fälle BGB AT" lesen. Üben Sie dabei, Ihre theoretischen Kenntnisse gleich in die Praxis umzusetzen.

II. Scherzerklärung

„Guter Scherz", *§ 118 BGB*	Eine Scherzerklärung liegt vor, wenn der Erklärende eine nicht ernstlich gemeinte Willenserklärung abgibt in der Erwartung, der **Mangel der Ernstlichkeit** werde **erkannt**, § 118 BGB. 49

> ***Bsp.:*** *A erklärt unter Augenzwinkern dem B gegenüber, dass er ihm kündige.*

§ 118 BGB hat gewisse Ähnlichkeit mit § 116 BGB. Auch hier gibt der Erklärende eine nicht ernst gemeinte Willenserklärung ab. Im Unterschied zum geheimen Vorbehalt rechnet der Erklärende aber damit, dass der Empfänger die mangelnde Ernstlichkeit erkennt. Deshalb werden Fälle des § 116 BGB auch als „böse Scherze", die des § 118 BGB als „gute Scherze" bezeichnet.

WE nichtig, aber Anspruch aus § 122 BGB	**1.** Bei § 118 BGB kommt es also nur auf die Sicht des Erklärenden an. Die Erklärung ist selbst dann nichtig, wenn der andere auf ihre Gültigkeit vertraut. Allerdings gewährt § 122 I BGB dem Erklärungsempfänger einen Anspruch auf Schadensersatz. Danach wird der sog. **Vertrauensschaden**, also der Schaden ersetzt, den der andere dadurch erleidet, dass er auf die Gültigkeit der Erklärung vertraut. 50
bei Fahrlässigkeit: Anspruch (-)	Zu beachten ist jedoch § 122 II BGB: Hat der Erklärungsempfänger den Mangel der Ernstlichkeit fahrlässig nicht erkannt, dann ist der Anspruch ausgeschlossen.
Vertrauensschaden = negatives Interesse	**Merken Sie sich schon jetzt:** Der *Vertrauensschaden* ist ein Fall des sog. negativen Interesses. Ersetzt werden die Schäden, die der Empfänger im Vertrauen auf die Gültigkeit einer Erklärung erleidet. Er wird so gestellt, als hätte er von dem nicht ernstlich abgegebenen Angebot nie etwas gehört.

Erfüllungsschaden =
positives Interesse

Davon zu unterscheiden ist der *Erfüllungsschaden*, sog. Er-
füllungs- oder positives Interesse. Dabei wird der Berechtigte
so gestellt, als wäre ein bestimmter Vertrag ordnungsgemäß
erfüllt worden. I.R.d. § 122 BGB ist der Ersatz des Vertrauensschadens der Höhe nach begrenzt auf das positive Interesse.

ausnahmsweise
Erklärung als gültig
zu behandeln

2. Erkennt der Erklärende, dass seine Scherzerklärung von   51
dem Empfänger ernst aufgefasst worden ist, so ist er nach
Treu und Glauben verpflichtet, den anderen über den Irrtum
aufzuklären. Andernfalls täuscht er durch Unterlassen. Dann
ist es nur interessengerecht, wenn seine Erklärung als gültig
behandelt wird. Das ergibt sich aus der Wertung des
§ 116 S. 1 BGB: Derjenige, der etwas für sich behält, was er
offenbaren müsste, soll aus seinem Verhalten keinen Vorteil
ziehen.

Vertiefung

Lesen Sie hierzu Fall 9 in „Die 76 wichtigsten Fälle BGB AT".
Dieser zeigt Ihnen die Problematik in einer klausurrelevanten
Konstellation.

§ 117 BGB

III. Scheingeschäft

bewusstes
Zusammenwirken

Ein Scheingeschäft liegt vor, wenn der Erklärende eine emp-   52
fangsbedürftige Willenserklärung **mit Einverständnis** des
Erklärungsempfängers nur zum Schein abgibt.

= „gemeinsame Sa-
che machen"

1. § 117 I BGB ist gewissermaßen ein Spezialfall zu
§ 116 S. 2 BGB. Anders als beim geheimen Vorbehalt handeln die Parteien aber einvernehmlich, sie machen gemeinsame Sache. Sie wollen durch **bewusstes Zusammenwir-**
ken das Geschäft nur äußerlich vortäuschen. In Wirklichkeit
soll dieses Geschäft nicht wirksam sein.

Ein solches nur zum Schein vorgenommenes Geschäft ist
nichtig, § 117 I BGB, denn es gibt keine widerstreitenden Interessen.

Klausurtipp 👍

§ 117 I BGB ist eigentlich überflüssig! Es fehlt den Parteien das
Erklärungsbewusstsein, da sie nichts rechtlich Erhebliches erklären wollen, damit liegt schon gar keine Willenserklärung vor,
da der jeweils andere auch nicht schutzwürdig ist! Damit ist
auch der Wortlaut falsch, der von einer Willenserklärung ausgeht und sie nur nichtig sein lässt. Formulieren Sie in der Klausur dennoch: „Das Rechtsgeschäft könnte nichtig sein, wenn es
sich um ein Scheingeschäft handelt, § 117 I BGB."

2. Das Scheingeschäft soll oft ein anderes, ernstlich gewolltes Geschäft verdecken, § 117 II BGB. Dieses verdeckte Geschäft ist gültig, wenn es selbst allen Wirksamkeitserfordernissen entspricht.

Bsp.: A und B erklären formlos Angebot und Annahme zu einem Kaufvertrag. In Wirklichkeit wollen sie aber, dass der „Kaufgegenstand" verschenkt wird.

Formulierungsbeispiel

*Fraglich ist, ob ein wirksamer Kaufvertrag vorliegt. Der **rechtliche Erfolg** des Kaufvertrages zwischen A und B ist nicht gewollt. Der Kaufvertrag wurde nur zum Schein geschlossen. Daher ist er gem. § 117 I BGB nichtig.*

Möglicherweise ist jedoch der Schenkungsvertrag als verdecktes Geschäft gem. § 117 II BGB wirksam. Zur Gültigkeit des Schenkungsvertrages ist jedoch gem. § 518 I BGB (lesen!) die notarielle Beurkundung erforderlich. Diese fehlt vorliegend. Damit ist der Schenkungsvertrag gem. §§ 518 I S. 1, 125 S. 1 BGB nichtig. Wird nun aber der Gegenstand tatsächlich übereignet, so wird der Mangel der Form gem. § 518 II BGB geheilt. Das verdeckte Geschäft (Schenkung) wird wirksam.

Vertiefung

Lesen Sie zu dieser wichtigen Problematik die Fälle 7 und 8 in „Die 76 wichtigsten Fälle BGB AT".

Abschließende Übersichten:

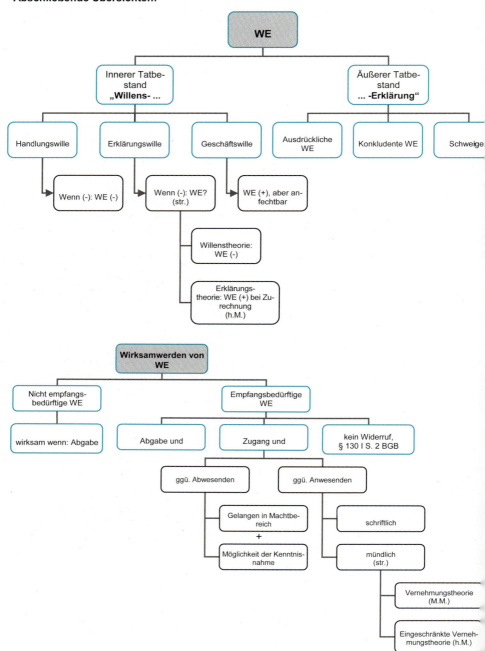

§ 4 Zustandekommen von Verträgen

Im Folgenden werden wir uns vertieft mit dem Zustandekommen von Verträgen beschäftigen. Im Gesamtsystem ist
dieser Themenkomplex ebenfalls bei der Frage „Anspruch
entstanden" einzuordnen.

Rechtsgeschäfte

A. Das Rechtsgeschäft

Definition

Das Rechtsgeschäft besteht aus **mindestens einer** Willens-   53
erklärung, an welche die Rechtsordnung den Eintritt des ge-
wollten **rechtlichen Erfolges** knüpft.

Es genügt aber nicht, dass eine bestimmte Rechtsfolge von
den Beteiligten gewollt ist. Vielmehr muss der rechtliche Erfolg von der Rechtsordnung anerkannt sein.

> So ist z.B. ein Kaufvertrag, der gegen die guten Sitten
> verstößt, gem. § 138 I BGB nichtig. Ein solcher Vertrag
> führt nicht die von den Parteien gewollte Rechtsfolge
> (wirksamer Vertrag) herbei, weil die Rechtsordnung eine
> solche Rechtsfolge nicht anerkennt.

I. Arten von Rechtsgeschäften

Arten

Ein Rechtsgeschäft besteht aus einer oder mehreren **Willenserklärungen**. Je nachdem, ob eine oder mehrere Willenserklärungen vorliegen, spricht man von *einseitigen* oder
mehrseitigen Rechtsgeschäften.

⇨ *einseitig*

1. Einseitige Rechtsgeschäfte enthalten nur eine Willens-   54
erklärung.

> **Bspe:** *Kündigungserklärung, Anfechtungserklärung, Wi-
> derrufserklärung.*

⇨ *mehrseitig*

2. Mehrseitige Rechtsgeschäfte enthalten die Willenserklä-   55
rungen mehrerer (mind. zweier) Personen. Der Hauptan-
wendungsfall der *mehrseitigen* Rechtsgeschäfte ist der **Vertrag** (s. unten, Rn. 59 ff.).

II. Verpflichtungs- und Verfügungsgeschäfte

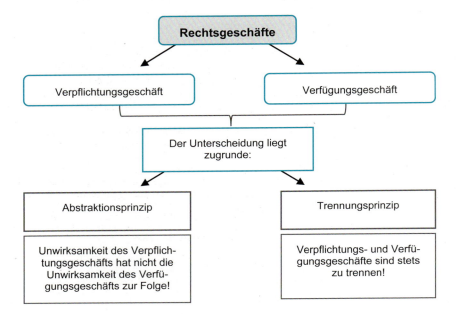

Bei den Rechtsgeschäften ist weiter zwischen Verpflichtungs- und Verfügungsgeschäften zu unterscheiden.

Verpflichtungsgeschäft

Unter dem **Verpflichtungsgeschäft (schuldrechtlicher Vertrag)**, versteht man ein Rechtsgeschäft, durch das die Verpflichtung zu einer Leistung begründet wird.

> **Bsp.:** *Beim Abschluss eines Kaufvertrages „verpflichtet" sich der Verkäufer, dem Käufer die verkaufte Sache zu übergeben und das Eigentum an ihr zu verschaffen (§ 433 I S. 1 BGB).*

Der Käufer erwirbt durch den Kaufvertrag das Recht (= Anspruch) auf Übergabe und Übereignung der Sache. An der Rechtslage des Rechtsobjekts (d.h. an der Eigentümerstellung) ändert sich nichts. Der Verkäufer bleibt trotz des Kaufvertrages zunächst Eigentümer.

56

Verfügungsgeschäft

Das **Verfügungsgeschäft (dinglicher Vertrag bzw. Erfül-**   57
lungsgeschäft) ist ein Rechtsgeschäft, durch das ein Recht
unmittelbar übertragen, belastet, geändert oder aufgehoben
wird.

Das Eigentum ist ein solches Recht. Es wird gem. § 929 S. 1
BGB durch Einigung und Übergabe übertragen. Die **Eini-**
gung über den Übergang des Eigentums stellt einen dinglichen Vertrag dar. Die Übergabe, d.h. regelmäßig das Verschaffen des unmittelbaren Besitzes, ist lediglich Realakt.

> *Bsp.: A und B schließen einen Kaufvertrag über ein Buch*
> *für 20,- €. A übereignet das Buch. B zahlt 20,- €.*

Der Abschluss des Kaufvertrages stellt ein Verpflichtungsgeschäft dar (erster Vertrag). Mit der Einigung darüber, dass das Eigentum an dem Buch übergehen soll,
wird ein Verfügungsgeschäft geschlossen (zweiter Vertrag). Mit der Übereignung des Geldes schließlich liegt
noch ein Verfügungsgeschäft vor (dritter Vertrag). Es liegen also insgesamt **drei Verträge** vor!

Die Unterscheidung zwischen Verpflichtungs- und Verfügungsgeschäft wird durch das **Abstraktionsprinzip** und das
Trennungsprinzip charakterisiert.

1. Trennungsprinzip

Trennungsprinzip

Das Trennungsprinzip besagt ganz einfach, dass das Ver-   58
pflichtungsgeschäft und das Verfügungsgeschäft überhaupt
zwei unterschiedliche Rechtsgeschäfte sind.

2. Abstraktionsprinzip

Abstraktionsprinzip

Das Abstraktionsprinzip besagt, dass die Wirksamkeit der   59
unterschiedlichen Rechtsgeschäfte jeweils für sich zu beurteilen ist. Die Unwirksamkeit des Verpflichtungsgeschäfts hat
nicht die Unwirksamkeit des Verfügungsgeschäfts zur Folge.

> *Für das obige Beispiel bedeutet das: Stellt sich nach*
> *Übergabe und Übereignung des Buches und des Geldes*
> *heraus, dass der Kaufvertrag (Verpflichtungsgeschäft) –*
> *aus welchen Gründen auch immer – unwirksam ist, so*
> *führt das nicht automatisch zur Unwirksamkeit der beiden*
> *Verfügungsgeschäfte. B bleibt Eigentümer des Buches*
> *und A bleibt Eigentümer des Geldes.*

Das dingliche Rechtsgeschäft bedarf zu seiner Wirksamkeit
keiner schuldrechtlichen Legitimation!

Nun mag Sie das Ergebnis irritieren: Soll B das Buch behalten dürfen, obwohl der Vertrag unwirksam ist? Antwort: natürlich nicht!

Allerdings ist das eine Frage, die die Wirksamkeit der Eigentumsübertragung nicht berührt. Das BGB stellt in den §§ 812 ff. BGB Anspruchsgrundlagen zur Verfügung, durch die die Folgen solcher Verträge rückgängig gemacht werden. Danach ist derjenige zur Herausgabe verpflichtet, der durch die Leistung eines anderen etwas „ohne rechtlichen Grund" erlangt hat. § 812 BGB ist letztlich eine Bestätigung des Trennungs- und Abstraktionsprinzips!

> Erlangt B Besitz und Eigentum an dem Buch, und stellt sich später heraus, dass der Kaufvertrag unwirksam war, also kein Rechtsgrund vorlag, hat A gegen B einen Herausgabeanspruch gem. § 812 I S. 1 Alt. 1 BGB. Das Gleiche gilt für das Geld, das A von B bekommen hat.

III. Auslegung von Rechtsgeschäften

Auslegung: objektiv gem. §§ 133, 157 BGB

1. Das BGB enthält zwei allgemeine Auslegungsregeln: § 133 BGB und § 157 BGB. Der Wortlaut der beiden Vorschriften ist zwar nicht identisch, so dass der Eindruck entsteht, Willenserklärungen seien anders auszulegen als Verträge. Jedoch bestehen Verträge wie alle mehrseitigen Rechtsgeschäfte aus Willenserklärungen (s. unten Rn. 61 ff.), so dass beide Vorschriften in einem engen Zusammenhang stehen.

60

Zu unterscheiden sind allerdings empfangsbedürftige (z.B. Kündigungserklärung) und nicht empfangsbedürftige Willenserklärungen (z.B. Testament).

Während bei **nicht empfangsbedürftigen Willenserklärungen** allein der **Wille des Erklärenden** maßgeblich ist, wird der Inhalt von **empfangsbedürftigen Willenserklärungen** aus der Sicht des Empfängers bestimmt (sog. **Empfängerhorizont**). Das bedeutet, dass es nur darauf ankommt, wie die Erklärung von einer verständigen Person unter Berücksichtigung aller Umstände verstanden werden musste.

Diese objektive Auslegung dient der Rechtssicherheit, da sich sonst niemand auf die Aussagen seines Vertragspartners verlassen könnte und jeder Vertrag unter dem Vorbehalt stünde, der Vertragspartner habe etwas anderes gemeint.

Bsp.: A verkauft ein Grundstück formgerecht an B (Würzburg, Fl-Nr. 1831). Allerdings hat A bei Vertragsverhandlungen fälschlicherweise immer vom Grundstück Fl-Nr. 1831 gesprochen. Gemeint hat er das Grundstück Fl-Nr. 1813. Was kann B von A verlangen?

Formulierungsbeispiel

B könnte gegen A einen Anspruch auf Übergabe und Übereignung des Grundstücks Fl-Nr. 1831 gem. § 433 I S. 1 BGB haben. Dann müsste ein Kaufvertrag mit entsprechendem Inhalt zustande gekommen sein.

Das Angebot des A zum Abschluss des Kaufvertrages kann von einer verständigen Person unter Würdigung aller Umstände (§§ 133, 157 BGB) nur so verstanden werden, dass der Kaufvertrag über das Grundstück Fl-Nr. 1831 zustande kommen soll. Insbesondere in Anbetracht der Tatsache, dass gerade dieses Grundstück besichtigt wurde, durfte B sich darauf verlassen, dass der Kaufvertrag auch dieses Grundstück betrifft. Damit hat B einen Anspruch gegen A auf Übergabe und Übereignung des Grundstücks Fl-Nr. 1831.

Vertrag (+), aber anfechtbar; Folge: Anspruch aus § 122 BGB

Es mag Sie verwundern, dass A nun an den objektiven Gehalt seiner Willenserklärung gebunden wird, obwohl er etwas ganz anderes wollte, sich also geirrt hat. Ihm wird jedoch dadurch geholfen, dass er seine Erklärung wegen Irrtums anfechten, also rückgängig machen kann, § 119 I Alt. 1 BGB (dazu unten, Rn. 113). Das hat gem. § 142 I BGB die Nichtigkeit des Vertrages ex tunc (= mit Wirkung *von Anfang an*) zur Folge. Dadurch wird im Ergebnis der Erklärende letztlich doch geschützt. Im Gegenzug gewährt § 122 I BGB dem Erklärungsempfänger einen Anspruch auf Ersatz des sog. Vertrauensschadens (s.o., Rn. 49). Auf diese Weise werden auch seine Interessen berücksichtigt und es entsteht ein gerechter Interessensausgleich.

2. Der Erklärungsempfänger ist jedoch dann nicht schutzwürdig, wenn er trotz der vom Willen des Erklärenden abweichenden Erklärung richtig erkennt, was der Erklärende gewollt hat. Dann gilt entgegen dem Wortlaut der Erklärung das tatsächlich Gewollte.

61

Bsp.: A geht in den Laden des B und sagt, er wolle das Trekking-Rad kaufen, das im Schaufenster steht. B ist einverstanden. Am Tag zuvor war A bereits im Laden des B gewesen und hatte sich nach dem Mountainbike im Schaufenster erkundigt. Daran erinnert sich auch B. Beide meinen daher das Mountainbike.

Hat A bzgl. des Mountainbikes Ansprüche gegen B?

Zwar beziehen sich die von A und B abgegebenen Erklärungen objektiv auf das Trekking-Rad, da aber A und B in
dem, was sie erklären wollten, übereinstimmen, ist die
objektiv abweichende Bedeutung der Erklärungen unbeachtlich. Ein Vertrag über das Mountainbike kommt zustande.

Ausnahme: falsa
demonstratio non
nocet

Eine falsche Bezeichnung schadet also nicht, wenn beide
Parteien die Erklärung übereinstimmend in einem anderen
Sinn verstehen (sog. **falsa demonstratio non nocet**). Es
gilt das tatsächlich Gewollte.

Ein Bedürfnis dafür, den objektiven Erklärungswert aufrecht
zu erhalten, besteht nicht.

Vertiefung

Arbeiten Sie zu dem Themenkreis „Auslegung" die Fälle 22
und 23 in „Die 76 wichtigsten Fälle BGB AT" durch. Diese
zeigen Ihnen alle relevanten Probleme in diesem Zusammenhang auf!

B. Der Vertrag

Der **Vertrag** ist ein mehrseitiges Rechtsgeschäft, das aus
inhaltlich übereinstimmenden, mit Bezug aufeinander
abgegebenen **Willenserklärungen** von mindestens zwei
Personen besteht.

I. Vertragsfreiheit

Vertragsfreiheit

Der Einzelne soll die Freiheit haben, selbst eine Regelung
seiner Lebensverhältnisse zu treffen (sog. *Grundsatz der
Privatautonomie*). Aus diesem Prinzip resultiert die **Vertragsfreiheit**. Danach ist der Einzelne frei darin, **ob** und **mit
wem** er einen Vertrag schließt (sog. **Abschlussfreiheit**) und
was Vertragsinhalt sein soll (sog. **Gestaltungsfreiheit**).

62

II. Voraussetzungen des Vertrags

Vertrag

Wenn Sie prüfen müssen, ob ein **Vertrag** vorliegt, empfiehlt
sich folgende Vorgehensweise:

1. Zwei Willenserklärungen

zwei Willenserklärungen

Es müssen **zwei Willenserklärungen** (Definition vgl. oben Rn. 20) vorliegen. Man nennt die zeitlich erste Erklärung Angebot (§ 145 BGB) und die spätere Erklärung Annahme (§ 146 BGB).

a) Angebot

Angebot

aa) Das Angebot (§ 145 BGB) ist eine empfangsbedürftige Willenserklärung, durch die ein Vertragsschluss einem anderen so angetragen wird, dass das Zustandekommen des Vertrages nur noch von dessen Einverständnis abhängt.

63

essentialia negotii

Da das Zustandekommen des Vertrages nur von dem Einverständnis des anderen abhängt, muss das Angebot die wesentlichen Punkte des Vertrages (sog. **essentialia negotii**) enthalten, wie Kaufpreis, Kaufgegenstand und die Person des Vertragspartners, denn nur dann kann die Annahme durch ein bloßes „Ja" des anderen erfolgen.

> *Bsp.:* Erklärt A gegenüber B, er möchte bei ihm das Buch „Der Name der Rose" von Umberto Eco zum Preis von 20,- € kaufen, ist darin ein Angebot zu sehen.

invitatio ad offerendum

Bevor Sie jedoch das Vorliegen eines Angebots bejahen, müssen Sie durch Auslegung (§§ 133, 157 BGB) ermitteln, ob tatsächlich ein Angebot vorliegt oder lediglich eine Aufforderung zur Offerte (sog. **invitatio ad offerendum**).

Diese ist kein Angebot, sondern lediglich eine Aufforderung, ein Angebot zu machen.

> *Bsp.:* Stellt der Boutiquebetreiber im Schaufenster einen Pelzmantel aus, so handelt es sich um kein Angebot, sondern um eine Aufforderung an die Passanten, ihrerseits ein Angebot zu machen. Es fehlt dem Boutiquebetreiber hierbei am **Rechtsbindungswillen**. Er möchte sich nicht mit der bloßen Ausstellung des Pelzmantels binden (§ 145 BGB). Würde es sich nämlich um ein Angebot handeln, könnte ein Vertrag mit einer unbegrenzten Zahl von Personen zustande kommen. Denn bei Vorliegen eines Angebots kann dieses durch ein bloßes „Ja" angenommen werden. Alle Verträge wären gültig. Der Boutiquebetreiber könnte aber möglicherweise nur einen einzigen Vertrag erfüllen und würde sich dann gegenüber den anderen, deren Verträge er nicht erfüllen kann, schadensersatzpflichtig machen. Daher müssen die Kunden ein Angebot machen und der Boutiquebetreiber kann dieses dann annehmen.

Vertiefung

Um diesen Problemkreis zu festigen und zu vertiefen, können Sie die Fälle 4 und 5 in „Die 76 wichtigsten Fälle BGB AT" bearbeiten.

Bindung an Angebot

bb) An ein Angebot ist der Antragende gem. § 145 BGB gebunden, es sei denn, er hat seine Gebundenheit gem. § 145 BGB a.E. ausgeschlossen oder sein Angebot vor oder gleichzeitig mit dessen Zugang widerrufen, (§ 130 I S. 2 BGB).

64

Erlöschen

cc) Diese Bindung bleibt nach § 146 BGB bis zur Ablehnung oder verspäteten (§ 150 I BGB) oder abgeänderten (§ 150 II BGB) Annahme bestehen. Dann erlischt sie.

65

Ein Angebot erlischt aber auch dann, wenn ein unter Anwesenden gemachter Antrag nicht **sofort** angenommen wird, § 147 I S. 1 BGB (zu beachten ist dabei, dass auch der telefonische Antrag als unter Anwesenden gemacht gilt, § 147 I S. 2 BGB). Das Gleiche gilt, wenn ein einem Abwesenden gemachter Antrag nicht bis zu dem Zeitpunkt angenommen wird, in dem unter gewöhnlichen Umständen der Eingang der Antwort zu erwarten wäre (§ 147 II BGB). Es wird also maßgeblich auf die Zeit abgestellt, welche die Willenserklärung für den Weg zwischen den Parteien benötigt.

Den Parteien steht es aber frei, Fristen zu setzen. § 147 BGB ist also dispositiv. Das ergibt sich aus § 148 BGB, wonach das Angebot erlischt, wenn die vom Antragenden gesetzte Frist verstrichen ist.

Fraglich ist, wie die Fälle zu behandeln sind, in denen die Annahmeerklärung zwar rechtzeitig abgesendet wird, jedoch erst nach Fristablauf zugeht. Dieses Problem hat der Gesetzgeber in § 149 S. 1 BGB bedacht.

Danach hat der Antragende dem Annehmenden unverzüglich die Verzögerung anzuzeigen, wenn die Annahmeerklärung derart abgesendet wurde, dass sie ihm bei regelmäßiger Beförderung rechtzeitig zugegangen wäre, und der Antragende die unregelmäßige Beförderung erkennen musste. Verzögert nun der Antragende die Anzeige, so gilt die Annahme als nicht verspätet (§ 149 S. 2 BGB).

dd) Keine Erlöschungsgründe sind dagegen der Tod und die
Geschäftsunfähigkeit des Antragenden (§ 153 BGB). Diese
Bestimmung ergänzt § 130 II BGB. Danach ist es auf die
Wirksamkeit einer Willenserklärung ohne Einfluss, wenn der
Erklärende zwischen Abgabe und Zugang stirbt oder ge-
schäftsunfähig wird.

66

§ 153 BGB fügt dem hinzu, dass ein Angebot auch noch angenommen werden kann, wenn der Antragende stirbt oder
geschäftsunfähig wird, es sei denn, dass ein anderer Wille
des Antragenden anzunehmen ist.

Vertiefung

Lesen Sie zum Erlöschen des Angebots Fall 16 und zum
Tod des Antragenden Fall 17 in „Die 76 wichtigsten Fälle
BGB AT". Diese Fälle zeigen Ihnen auf, wo diese Probleme
klausurrelevant werden und tragen dazu bei, dass Sie auf
die Klausur optimal vorbereitet sind.

b) Annahme

Annahme = WE

Die Annahme ist eine empfangsbedürftige Willenserklärung,
durch die der Antragsempfänger dem Antragenden sein Einverständnis mit dem angebotenen Vertragsschluss zu verstehen gibt.

67

*grds. Zugang erfor-
derlich*

Als empfangsbedürftige Erklärung wird die Annahmeerklärung erst mit Zugang beim Antragenden wirksam. Bis zum
Zugang kann damit auch die Annahme widerrufen werden,
§ 130 I S. 2 BGB.

Ausnahme:

Nur ausnahmsweise ist der Zugang der Annahmeerklärung
nicht erforderlich:

§ 151 BGB

Das ist dann der Fall, wenn eine Erklärung der Annahme
nach der Verkehrssitte nicht zu erwarten ist (*z.B. kurzfristige
Bestellung eines Hotelzimmers*) oder der Antragende auf sie
verzichtet hat (*z.B. bei Bestellung von Waren genügt ihre
Zusendung, eine zusätzliche Annahmeerklärung ist regelmäßig nicht gewollt*), § 151 S. 1 BGB.

§ 152 BGB

⇨   Werden bei notarieller Beurkundung eines Vertrages
Angebot und Annahme getrennt beurkundet, kommt
bereits mit der Beurkundung der Annahmeerklärung
und nicht erst mit Zugang der Vertrag zustande,
§ 152 S. 1 BGB.

§ 156 BGB ⇨ Schließlich bedarf es auch bei einer privatrechtlichen Versteigerung gem. § 156 S. 1 BGB keines Zugangs der Annahme. Der in dem Gebot des Ersteigerers liegende Antrag wird durch den Zuschlag angenommen, der allerdings nicht zugehen muss.

2. Übereinstimmung der Willenserklärungen

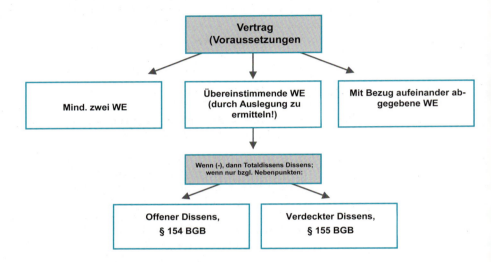

Weiterhin müssen die **Willenserklärungen übereinstimmen**. Maßgeblich ist dabei eine objektive Übereinstimmung. Dass die Parteien subjektiv aneinander vorbeireden, ist irrelevant für die Wirksamkeit der Erklärung, kann jedoch zur Irrtumsanfechtung führen.

68

Zunächst muss durch (allgemeine) **Auslegung** nach dem Empfängerverständnis (§§ 133, 157 BGB) ermittelt werden, ob eine Übereinstimmung des objektiven Erklärungswertes beider Erklärungen vorhanden ist. Ist dies nicht der Fall, muss differenziert werden, ob die fehlende Übereinstimmung die wesentlichen Vertragsbestandteile betrifft oder lediglich Nebenabreden.

Totaldissens Sofern bereits keine Übereinstimmung hinsichtlich der wesentlichen Vertragsbestandteile vorliegt, kommt eine Willenserklärung nicht zustande. Man spricht von einem sog. Totaldissens.

Bei Nebenabreden §§ 154, 155 BGB!

Erst wenn der Totaldissens verneint wird, kommen bzgl. der Nebenabreden die Zweifelsregelungen der §§ 154, 155 BGB zur Anwendung.

Die allgemeine Auslegung hat Vorrang vor den Auslegungsregeln der §§ 154, 155 BGB! Führt die Auslegung schon zu dem Ergebnis, dass sich die Parteien einig geworden sind, werden die Normen nicht relevant. §§ 154, 155 BGB sind nur dann anwendbar, wenn trotz vorgenommener allgemeiner Auslegung Zweifel bleiben, vgl. Wortlaut!

Das Gesetz unterscheidet zwischen offenem und verdecktem Dissens.

a) Offener Dissens

offener Dissens

Beim offenen Dissens ist den Parteien **bewusst**, dass sie sich über eine Nebenabrede nicht geeinigt haben.

69

Nebenpunkte, § 154 BGB

Jetzt kommt es auf den Parteiwillen an. Es ist zu ermitteln, ob der Vertrag trotz ausstehender Einigung über Nebenpunkte als geschlossen oder als (noch) nicht geschlossen betrachtet wird. Dies geschieht durch Auslegung (§§ 133, 157 BGB). Erst wenn diese zu keinem Ergebnis führt, greift die **Auslegungsregel des § 154 I S. 1 BGB**. Danach ist im Zweifel der Vertrag nicht geschlossen worden.

> **Bsp.:** *A bietet B ein Bild für 5.700,- € an. B erklärt, er nehme das Angebot an, müsse aber auf Ratenzahlung bestehen. A sagt, damit sei er einverstanden, er erwarte entsprechende Vorschläge.*
>
> Da eine Einigung über einen Nebenpunkt, nämlich die Modalitäten der Ratenzahlungen (wie viele Raten, in welcher Höhe etc.), fehlt, muss ermittelt werden, ob die Parteien den Vertrag dennoch als geschlossen angesehen haben (§§ 133, 157 BGB).
>
> Ein Indiz für einen solchen Willen kann im Einzelfall die Übereignung und Übergabe des Bildes als Erfüllung des Kaufvertrages sein. Führt die Auslegung zu keinem Ergebnis, bleibt es bei der Auslegungsregel des § 154 I S. 1 BGB, so dass der Kaufvertrag nicht geschlossen ist.

b) Verdeckter Dissens

verdeckter Dissens

Beim verdeckten Dissens **meinen die Parteien irrtümlich, sich geeinigt** zu haben, in Wirklichkeit stimmen ihre Willenserklärungen bzgl. einer Nebenabrede nicht überein.

70

Nebenabreden,
§ 155 BGB

Hier ist zu berücksichtigen, dass die Parteien davon ausgehen, der Vertrag sei zustande gekommen. Im Gegensatz zum offenen Dissens wissen sie ja nicht, dass sie sich nicht geeinigt haben. Da beide Parteien auf die Gültigkeit des Vertrages vertrauen, soll hier die **Auslegungsregel** des **§ 155 BGB** die übrige fehlerfreie Einigung „retten". Danach gilt das fehlerfrei Vereinbarte, sofern anzunehmen ist, dass der Vertrag auch ohne eine Bestimmung über den fehlenden Punkt geschlossen worden sein würde.

vorher Auslegung

Ob die Vertragspartner den Vertrag auch ohne eine Bestimmung über den fehlenden Punkt geschlossen hätten, ist durch Auslegung (§§ 133, 157 BGB) zu ermitteln. Erst wenn diese zu keinem Ergebnis führt, ist § 155 BGB heranzuziehen.

Klausurtipp 👍

hemmer-Methode: Zeigen Sie, dass Sie diese Abstufung kennen. Ein tatsächlicher Dissens kommt in der Klausur eher selten vor. Meistens führt die bereits vorher vorzunehmende Auslegung schon zum erfolgreichen Vertragsschluss. Um auf diese Problematik vorbereitet zu sein, empfehlen wir Ihnen, die Fälle 24 und 25 in „Die 76 wichtigsten Fälle BGB AT" durchzuarbeiten.

Vertiefung

3. Abgabe der Willenserklärungen mit Bezug aufeinander

Angebot und Annahme
müssen sich aufeinan
der beziehen

Schließlich müssen die Willenserklärungen mit Bezug aufeinander abgegeben werden. Das bedeutet, dass die Annahme sich gerade auf das gemachte Angebot beziehen muss. Es genügt zum Vertragsschluss also nicht, dass die Erklärungen nebeneinander herlaufen, selbst wenn sie inhaltlich übereinstimmen.

71

> **Bsp.:** *A schreibt an B: „Ich biete Ihnen meine Vase, die Ihnen so gut gefiel, für 250,- € an". Während der Brief des A an B von der Post befördert wird, ruft B bei A an und sagt: „Sie werden gemerkt haben, dass ich Gefallen an Ihrer Vase gefunden habe. Ich biete Ihnen für diese 250,- €".*

> Zwar stimmen die Erklärungen von A und B inhaltlich überein, jedoch wurden sie nicht mit Bezug aufeinander abgegeben. Vielmehr wurden die Erklärungen nebeneinander abgegeben. Ein Vertrag ist also noch nicht zustande gekommen. Erst wenn A sagt: „Ah ja, ich habe Ihnen auch schon einen Brief diesbezüglich geschrieben. Ich würde Ihnen gerne die Vase für 250,- € verkaufen", kommt ein Vertrag zustande.

§ 5 Die Geschäftsfähigkeit

Definition

Von der Rechtsfähigkeit (vgl. oben Rn. 1) ist die **Geschäfts-fähigkeit** zu unterscheiden. Mit ihr wird die **Fähigkeit** bezeichnet, **Rechtsgeschäfte** selbst **voll wirksam vornehmen** zu können.

72

Die Privatautonomie (schon Rn. 62) ermöglicht es zwar dem Einzelnen, Rechtsgeschäfte nach seinem eigenen Willen abzuschließen, das ist aber nur sinnvoll, wenn der Handelnde auch die Folgen seiner Erklärungen verstehen kann. Der Handelnde muss ein Mindestmaß an Einsichts- und Urteilsfähigkeit besitzen, also geschäftsfähig sein.

§§ 104 ff. BGB

Die Vorschriften über die fehlende oder beschränkte Geschäftsfähigkeit (§§ 104 ff. BGB) bezwecken den Schutz der nicht (voll) Geschäftsfähigen. Diese sollen davor geschützt werden, sich selbst zu schädigen. Diese Schutzfunktion wird auch nicht im Interesse des Rechtsverkehrs durchbrochen. Daher kann der Vertragspartner nicht darauf vertrauen, dass der andere (voll) geschäftsfähig ist. Das gilt selbst dann, wenn der nicht (voll) Geschäftsfähige vorgibt, geschäftsfähig zu sein.

hemmer-Methode: Merken Sie sich an dieser Stelle also: Anders als beim gutgläubigen Erwerb einer beweglichen Sache von einem Nichtberechtigten, wo in den §§ 929, 932 ff. BGB der gute Glaube an das Eigentum geschützt ist, gibt es keinen Schutz des guten Glaubens an die Geschäftsfähigkeit!

Weil diese Personen also **besonders schutzwürdig** sind, entfalten ihre Willensklärungen möglicherweise keine rechtliche Wirkung, vgl. z.B. § 105 I BGB. Die fehlende Geschäftsfähigkeit **hindert** das Zustandekommen eines Vertrages und somit das Entstehen eines Primäranspruchs.

Klausurtipp 👍

hemmer-Methode: Damit befinden wir uns weiterhin beim Prüfungspunkt „Anspruch entstanden". Mit der Prüfung der Geschäftsfähigkeit klären wir, ob eine rechts_hindernde_ Einwendung vorliegt!

Der Gesetzgeber hat nicht positiv bestimmt, wer geschäftsfähig ist, sondern negativ, wer dies nicht ist. Grundsätzlich sind demnach alle Menschen geschäftsfähig, wenn nicht eine gesetzliche Ausnahmeregelung einschlägig ist.

A. Geschäftsunfähigkeit

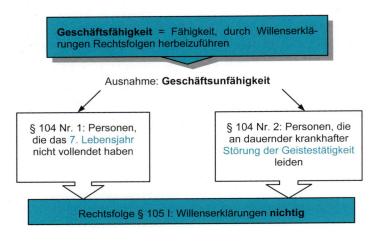

Geschäftsfähigkeit = Fähigkeit, durch Willenserklärungen Rechtsfolgen herbeizuführen

Ausnahme: **Geschäftsunfähigkeit**

§ 104 Nr. 1: Personen, die das 7. Lebensjahr nicht vollendet haben

§ 104 Nr. 2: Personen, die an dauernder krankhafter Störung der Geistestätigkeit leiden

Rechtsfolge § 105 I: Willenserklärungen **nichtig**

Geschäftsunfähigkeit, § 104 BGB

Geschäfts**un**fähig sind Kinder bis zum vollendeten siebenten Lebensjahr gem. § 104 Nr. 1 BGB und Geisteskranke gem. § 104 Nr. 2 BGB, sofern ihr Zustand nicht nur vorübergehend ist, wie das z.B. bei Volltrunkenen der Fall ist. Deren Willenserklärungen sind dann nicht nach §§ 104 Nr. 2, 105 I BGB, sondern nach § 105 II BGB nichtig.

73

lucidum intervallum

Hat ein Geisteskranker (dessen Störung nicht nur vorübergehend ist) einen lichten Augenblick (lucidum intervallum), dann wird er wie ein Geschäftsfähiger behandelt.

Sonderfall, § 105a BGB

Beachten Sie an dieser Stelle die Regelung des § 105a BGB. Danach bleiben „**Geschäfte** volljähriger Geschäftsunfähiger, § 104 Nr. 2 BGB, **des täglichen Lebens**", die mit „geringwertigen Mitteln" bezahlt werden, bestehen, das heißt es besteht ein Rückforderungsausschluss und halbseitige Wirksamkeit **zugunsten** des Geschäftsunfähigen.

74

Vertiefung

Lesen Sie die Fälle 26 und 27 in „Die 76 wichtigsten Fälle BGB AT". Sie behandeln die klausurrelevanten Fälle über Rechtsgeschäfte eines unerkannt Geisteskranken und eines Betrunkenen.

Die Willenserklärungen eines Geschäftsunfähigen sind also   75
nichtig, § 105 I BGB. Häufige Klausurfalle: Diese können
nicht genehmigt werden! Auch können ihm keine Willenserklärungen zugehen, § 131 I BGB.

Da der Geschäftsunfähige aber rechtsfähig ist, muss er auf
andere Weise am Rechtsverkehr teilnehmen können.

Daher handelt für den Geschäftsunfähigen sein gesetzlicher
Vertreter. Das sind für die Kinder i.d.R. die Eltern, §§ 1626,
1629 I S. 2 BGB (falls Kinder nicht unter elterlicher Sorge
stehen der Vormund, § 1793 BGB), und für geschäftsunfähige Volljährige ggf. deren Betreuer, § 1902 BGB.

B. Beschränkte Geschäftsfähigkeit

Beschränkt geschäftsfähig:

- §§ 106, 2: Minderjährige, die das 7., aber noch nicht das
  18. Lebensjahr vollendet haben
- Personen, die gem. § 1903 für die dort genannten Geschäfte unter Betreuung mit Einwilligungsvorbehalt gestellt sind, werden ebenso behandelt, vgl. auch BGH,
  Life&Law 2015, 633 ff.

§ 107: nur *lediglich rechtlich vorteilhafte* WE'en können ohne Zustimmung des gesetzl. Vertreters wirks. vorgenommen werden; anderenfalls
schwebende Unwirksamkeit, § 108 (Ausnahme: § 111)

Vertiefung

Lehrreich TYROLLER, „**Ausgewählte Probleme des Minder-
jährigenrechts**" in **Life&Law 2006, 213 ff.**; **358 ff.** und
498 ff. Zugang über **www.hemmer.de**.

*beschränkte Ge-
schäftsfähigkeit,
§ 106 BGB*

Um dem geistigen Entwicklungsprozess Minderjähriger   76
Rechnung zu tragen, hat der Gesetzgeber in § 106 BGB die
beschränkte Geschäftsfähigkeit normiert, denn die Einsichtsfähigkeit von Kindern ändert sich nicht von einem Tag
auf den anderen, sondern sie wächst mit zunehmendem Alter.

Beschränkt geschäftsfähig sind nach §§ 2, 106 BGB Minderjährige, die das siebte, nicht aber das achtzehnte Lebensjahr
vollendet haben.

In bestimmtem Umfang können diese Personen selbst wirksam Rechtsgeschäfte vornehmen.

Das Gesetz unterscheidet zwischen Verträgen und einseitigen Rechtsgeschäften eines beschränkt Geschäftsfähigen.

I. Verträge eines beschränkt Geschäftsfähigen

1. Zustimmungsfreie Verträge

Nach § 107 BGB kann der beschränkt Geschäftsfähige selbst und ohne die Zustimmung seines gesetzlichen Vertreters wirksam Rechtsgeschäfte vornehmen, wenn diese „lediglich rechtlich vorteilhaft" sind. **77**

rechtlich vorteilhaft

Ein rechtlich lediglich vorteilhaftes Rechtsgeschäft liegt vor, wenn es die Stellung des Minderjährigen in **rechtlicher** Hinsicht verbessert. **78**

Vertiefung

Beachten Sie bitte: Es kommt nur auf die **rechtliche**, nicht aber auf die wirtschaftliche Betrachtungsweise an!

Bsp.: So ist der Kauf eines Fahrrades im Wert von 10.000,- € seitens eines Minderjährigen für lediglich 5,- € zwar wirtschaftlich sehr vorteilhaft, rechtlich aber nicht. Der Minderjährige verpflichtet sich nämlich, den Vertrag zu erfüllen, d.h. den Kaufpreis zu zahlen und das Fahrrad abzunehmen. Das ist rechtlich nachteilig und nicht lediglich rechtlich vorteilhaft. Daher ist auch ein solcher Vertrag ohne die Zustimmung der Eltern nicht gem. § 107 BGB wirksam.

Verpflichtungsge-schäfte

a) Verpflichtungsgeschäfte (Rn. 55 f.) sind dann rechtlich vorteilhaft, wenn der beschränkt Geschäftsfähige keine rechtsgeschäftlichen Verpflichtungen übernimmt. Bei gegenseitigen Verträgen entstehen aber regelmäßig solche Verpflichtungen. **79**

So verpflichtet sich der Minderjährige z.B. als Verkäufer, die Sache zu übergeben und zu übereignen, § 433 I S. 1 BGB. Als Käufer ist er verpflichtet, den vereinbarten Kaufpreis zu zahlen und die gekaufte Sache abzunehmen, § 433 II BGB.

Vertiefung

Lesen Sie hierzu als Einstiegsfall in die Minderjährigkeits-problematik den Fall 29 in „Die 76 wichtigsten Fälle BGB AT".

Nur **einseitig** verpflichtende Verträge können rechtlich vorteilhaft sein. Bei diesen wird nur eine Vertragspartei verpflichtet. Ist der Minderjährige nicht der verpflichtete Teil, kann er solche Verträge wirksam schließen.

> *Bsp.: A will dem minderjährigen B ein Buch schenken. B kann das Schenkungsangebot wirksam annehmen. Der schuldrechtliche Schenkungsvertrag ist für den minderjährigen B lediglich rechtlich vorteilhaft, da B den Übereignungsanspruch gegen den A enthält, ohne dass B sich seinerseits verpflichtet.*

Verfügungsgeschäfte

b) Verfügungsgeschäfte (Rn. 57 f.) sind dagegen rechtlich vorteilhaft, wenn sie zugunsten des beschränkt Geschäftsfähigen ein Recht übertragen, aufheben, verändern oder das Recht eines anderen belasten.

80

> *Bsp.: Übereignet A dem minderjährigen B sein Fahrrad, so ist dies lediglich rechtlich vorteilhaft. Eine solche Übereignung führt zu einem Zuwachs an Eigentum bei dem Minderjährigen, ohne dass für ihn Nachteile entstehen, da § 929 BGB keine weiteren Verpflichtungen enthält. Das Ergebnis des Falls mag Sie etwas verwirren. Sie fragen sich sicherlich, ob der Minderjährige das Fahrrad denn behalten darf. Nein, darf er nicht. Zwar ist B Eigentümer geworden, jedoch muss er das Fahrrad nach § 812 I S. 1 Alt. 1 BGB zurückgeben, da er „etwas" (Eigentum und Besitz am Fahrrad) „durch die Leistung eines anderen" (Übereignung des A) „ohne rechtlichen Grund" (ohne wirksamen Kaufvertrag) erlangt hat.*

mittelbare Nachteile

Beachten Sie: Bei der **Übereignung eines Grundstücks** (richtet sich nach §§ 873, 925 BGB - §§ 929 ff. BGB gelten nur für bewegliche Sachen!) ist es irrelevant, dass Grunderwerbs- und Grundsteuer seitens des Minderjährigen zu leisten sind. Das ist kein beachtlicher rechtlicher Nachteil i.S.v. § 107 BGB. Die Steuerpflicht trifft den Grundstückseigentümer <u>kraft Gesetzes</u>. Sie folgt also nicht aus dem Rechtsgeschäft, sondern ist mittelbarer Nachteil.

Nicht rechtlich vorteilhaft ist dagegen nach h.M. die Übereignung eines **vermieteten Grundstücks**. Nach §§ 578 I, 566 BGB wird dann nämlich der Minderjährige selbst Vermieter, so dass ihm <u>aus dem Rechtsgeschäft der Übereignung</u> die Pflichten aus einem Mietvertrag erwachsen.

Problematisch ist auch die **Übereignung einer Eigentums-
wohnung**. Hier wächst der Minderjährige in die Wohnungs-
eigentümergemeinschaft hinein und ihn treffen die Verpflichtungen nach dem WEG. Er haftet insbesondere für Verpflichtungen der Eigentümergemeinschaft als Gesamtschuldner
mit seinem Vermögen.

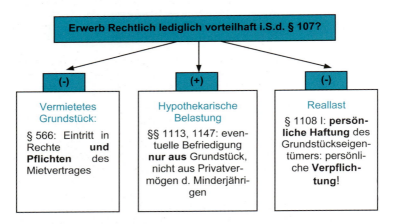

Erwerb Rechtlich lediglich vorteilhaft i.S.d. § 107?

(-)	(+)	(-)
Vermietetes Grundstück:	**Hypothekarische Belastung**	**Reallast**
§ 566: Eintritt in Rechte **und Pflichten** des Mietvertrages	§§ 1113, 1147: eventuelle Befriedigung **nur aus** Grundstück, nicht aus Privatvermögen d. Minderjährigen	§ 1108 I: **persönliche Haftung** des Grundstückseigentümers: persönliche **Verpflichtung**!

Vertiefung   Lesen Sie zur Vertiefung dieser Problematik Fall 30 in „Die
76 wichtigsten Fälle BGB AT".

Liegt dieser Übereignung nun ein Kaufvertrag zugrunde, so
ist dieser unwirksam, da dieses Verpflichtungsgeschäft für
den Minderjährigen rechtlich nachteilig ist (vgl. o.).

Abstraktionsprinzip   Dies bleibt aber für die Übereignung unbeachtlich. Verpflich-
tungs- und Verfügungsgeschäfte sind stets zu trennen! Die
Unwirksamkeit des einen hat nicht die Unwirksamkeit des
anderen zur Folge (**Trennungs-** und **Abstraktionsprinzip**,
vgl. Rn. 58 f.)!

Problem: Schenkung und Übereignung an Minderjährigen   Besonders deutlich werden diese Prinzipien, wenn man sich
folgenden Fall vor Augen führt:

> **Bsp.:** Die Eltern wollen dem Kind ein vermietetes Grund-
> stück schenkweise übertragen. Der Schenkungsvertrag
> ist für das Kind lediglich rechtlich von Vorteil, denn das
> Kind bekommt einen Anspruch, ohne sich zu etwas zu
> verpflichten.

Wegen §§ 578 I, 566 BGB ist <u>die Übereignung</u> nicht lediglich rechtlich vorteilhaft, da der Minderjährige in die Vermieterstellung eintritt und für Verbindlichkeiten aus dem Mietverhältnis unbegrenzt mit seinem Vermögen haften würde. Daher könnte der Minderjährige die Auflassungserklärung nicht selbst wirksam erklären. Eine Vertretung durch die Eltern würde grundsätzlich an § 181 BGB scheitern. Allerdings erlaubt die Vorschrift ein Insichgeschäft, wenn es lediglich um die Erfüllung einer Verbindlichkeit geht, welche sich vorliegend aus dem Schenkungsvertrag ergeben würde.

teleologische Reduktion des § 181 BGB

Dies würde allerdings im Ergebnis dazu führen, dass der Minderjährige dem durch § 566 I BGB drohenden rechtlichen Nachteil doch ausgesetzt wäre.

Daher wird eine teleologische Reduktion des § 181 BGB vorgenommen. Die Anwendung soll auf Fälle beschränkt werden, in denen die Erfüllung der Verbindlichkeit lediglich zu einem rechtlichen Vorteil beim Minderjährigen führt. Für die Übereignung bedürfte es daher der Bestellung eines Ergänzungspflegers, § 1909 BGB.

Klausurtipp 👍

hemmer-Methode: Bei Verstoß gegen das Abstraktionsprinzip droht die Bestrafung durch den Korrektor: „Schon aus diesem Grund nicht mehr ausreichend!" Insbesondere im Minderjährigenrecht ist die Beachtung des Trennungs- und Abstraktionsprinzips klausurentscheidend. Unterscheiden Sie sauber das Verpflichtungsgeschäft und die Übereignung. Sprechen Sie bei der Übereignung nie vom Kauf oder der Schenkung! Das ist „tödlich". Diese Prinzipien prägen das gesamte BGB. Daher sollten Sie sich an dieser Stelle noch einmal ganz klar machen, was diese aussagen. Wiederholen Sie die Rn. 58 f.

neutrale Geschäfte

c) Weiterhin gibt es noch die **neutralen Rechtsgeschäfte**   81
eines beschränkt Geschäftsfähigen. Es handelt sich dabei um Rechtsgeschäfte, die für den beschränkt Geschäftsfähigen weder rechtlich vorteilhaft noch rechtlich nachteilig sind.

Bsp.: Der minderjährige B veräußert das Buch <u>des A</u> an C.

Weil hier die Verfügung über das Buch das Vermögen des minderjährigen B nicht berührt, ist das von B vorgenommene dingliche Rechtsgeschäft „Übereignung" für ihn weder vorteilhaft noch nachteilig. Wird C Eigentümer, falls er gutgläubig ist, §§ 929, 932 BGB?

Zwar liegt eine Übergabe vor. Problematisch ist jedoch die Wirksamkeit der dinglichen Einigung gem. § 929 S.1 BGB. Obwohl § 107 BGB eindeutig von „lediglich rechtlichem Vorteil" spricht, sind auch neutrale Rechtsgeschäfte wirksam. Denn der Minderjährige ist nicht schutzwürdig, wenn das Geschäft keinen rechtlichen Nachteil mit sich bringt.

Sinn und Zweck der §§ 106, 107 BGB ist es, den Minderjährigen zu schützen. Nur da, wo der beschränkt Geschäftsfähige keines Schutzes bedarf, sind die Rechtsgeschäfte wirksam.

Das ist sowohl bei vorteilhaften als auch bei neutralen Rechtsgeschäften der Fall. Daher wird § 107 BGB nach seinem Sinn und Zweck auch auf neutrale Rechtsgeschäfte angewandt (sog. **teleologische Reduktion**).

Neutrale Geschäfte kann der beschränkt Geschäftsfähige also ebenfalls selbst und ohne die Zustimmung des gesetzlichen Vertreters wirksam vornehmen.

Vertiefung

Arbeiten Sie zu den neutralen Rechtsgeschäften eines beschränkt Geschäftsfähigen die Fälle 33 und 34 in „Die 76 wichtigsten Fälle BGB AT" durch. In Fall 34 lernen Sie einen weiteren Fall des neutralen Rechtsgeschäfts kennen (§ 165 BGB).

d) Schließlich stellt sich die Frage, ob die Erfüllung (§ 362 I BGB) eines Anspruchs des beschränkt Geschäftsfähigen möglich ist. Kann der Minderjährige also die Leistung mit der Wirkung annehmen, dass der ihm zustehende Anspruch durch Erfüllung erlischt?

82

Erfüllung ggü. beschränkt Geschäftsfähigen

§ 107 BGB spricht von „Willenserklärung", durch die der Minderjährige einen lediglich rechtlichen Vorteil erlangt. Die Erfüllung i.S.v. § 362 I BGB ist keine Willenserklärung, erforderlich ist nur eine reale Leistungsbewirkung (die z.B. bei § 929 BGB durchaus Willenserklärungen umfassen kann). Daraus könnte man schließen, dass die Erfüllung an den beschränkt Geschäftsfähigen möglich ist.

Das würde gem. § 362 I BGB dazu führen, dass mit der Erfüllung der beschränkt Geschäftsfähige z.B. zwar Eigentümer wird, aber seine Forderung verlieren würde.

Das Vermögen und damit auch die Forderung des Minderjährigen obliegt aber der Verwaltung der Eltern aufgrund ihres **Personen- und Vermögenssorgerechts** (§§ 1629 I, 1626 I S. 2 BGB). Sie sollen also darüber entscheiden, ob und wie das Vermögen zum Besten für den beschränkt Geschäftsfähigen eingesetzt wird.

beschränkt Geschäftsfähigen fehlt die Empfangszuständigkeit

Dieses Verwaltungsrecht der Eltern würde beeinträchtigt werden, wenn durch Leistung an den Minderjährigen wirksam erfüllt werden könnte. Es besteht die Gefahr der Verschwendung und des Verlustes durch den beschränkt Geschäftsfähigen. Daher spricht man dem Minderjährigen analog § 107 BGB die **Empfangszuständigkeit** ab.

Damit wird der Minderjährige zwar Eigentümer (da regelmäßig lediglich rechtlich vorteilhaft), der Anspruch des beschränkt Geschäftsfähigen kann durch Leistung an ihn aber nur mit der Einwilligung des gesetzlichen Vertreters erfüllt werden.

Vertiefung

Lesen Sie Fall 35 in „Die 76 wichtigsten Fälle BGB AT". Darin wird die Problematik „Erfüllung und Minderjährigkeit" ausführlich behandelt.

2. Zustimmungsbedürftige Verträge

Einwilligung = vorherige Zustimmung

a) Für rechtlich nicht lediglich vorteilhafte Geschäfte bedarf der beschränkt Geschäftsfähige der Einwilligung seines gesetzlichen Vertreters, **§ 107 BGB**.

83

Die Einwilligung ist die *vorherige* Zustimmung, § 183 S. 1 BGB. Sie ist jedoch bis zur Vornahme des Rechtsgeschäfts widerruflich (§ 183 S. 1 BGB).

84

Sowohl die Erteilung der Einwilligung als auch ihr Widerruf können dem beschränkt Geschäftsfähigen oder seinem Vertragspartner gegenüber erklärt werden (§§ 182 I, 183 S. 2 BGB).

Der Umfang der Einwilligung kann verschieden sein. Sie kann für einzelne Rechtsgeschäfte erteilt werden. Der gesetzliche Vertreter kann aber auch eine generelle Einwilligung zu einem begrenzten Kreis von Rechtsgeschäften erteilen (sog. **beschränkter Generalkonsens**).

Bsp.: Erhält der minderjährige B für seine Reise auf die Kanaren von seinen Eltern 700,- €, so liegt darin die Einwilligung für alle Rechtsgeschäfte, die mit der Reise notwendig zusammen hängen.

kein unbeschränkter Generalkonsens!

Dieser Generalkonsens darf aber nicht so weit gehen, dass der gesetzliche Vertreter dem beschränkt Geschäftsfähigen im Voraus die unbegrenzte Zustimmung zu Geschäften aller Art erteilt und ihn damit wie einen Geschäftsfähigen stellt. „So, Du bist jetzt 16. Mach, was Du willst".

Damit würde sich der gesetzliche Vertreter seinen gesetzlichen Pflichten entziehen und der vom Gesetz vorgesehene Schutz des Minderjährigen würde unterlaufen werden. Eine solche unbeschränkte Einwilligung wäre unwirksam.

b) Liegt keine Einwilligung vor und nimmt der Minderjährige das Geschäft trotzdem vor, dann hängt die Wirksamkeit davon ab, ob die Eltern das Geschäft genehmigen, **§ 108 I BGB.**

85

Genehmigung = nachträgliche Zustimmung

Genehmigung ist die nachträgliche Zustimmung, § 184 I BGB. Bis zur Erteilung oder Verweigerung der Zustimmung tritt ein Schwebezustand ein. Der Vertrag des beschränkt Geschäftsfähigen ist **schwebend unwirksam**.

Durch die Erteilung der Genehmigung wird der Vertrag wirksam. Wird die Genehmigung verweigert, wird der Vertrag des Minderjährigen unwirksam.

Auch die Genehmigung kann gem. § 182 I BGB sowohl dem beschränkt Geschäftsfähigen als auch dessen Vertragspartner gegenüber erklärt werden.

Wird der beschränkt Geschäftsfähige voll geschäftsfähig (d.h. achtzehn Jahre alt), während ein von ihm geschlossener Vertrag noch schwebend unwirksam ist, so tritt gem. § 108 III BGB seine Genehmigung an die Stelle der Genehmigung des gesetzlichen Vertreters.

hemmer-Methode: Beachten Sie bitte: Der Eintritt der Volljährigkeit reicht nicht aus, damit der Vertrag wirksam wird. Vielmehr muss der Minderjährige diesen (konkludent) genehmigen. Erst dann wird der Vertrag wirksam!

Da der Vertragspartner ein Interesse daran hat zu wissen, ob der schwebend unwirksame Vertrag gelten soll oder nicht, gibt § 108 II BGB ihm die Möglichkeit, sich Klarheit zu verschaffen, indem er den gesetzlichen Vertreter zur Erklärung über die Genehmigung auffordert.

Dann kann allerdings die Genehmigung nur noch ihm gegenüber erklärt werden (§ 108 II S. 1 HS 1 BGB).

Widerrufsrecht des Vertragspartners gem. § 109 BGB

c) Solange der Vertrag zwischen dem beschränkt Geschäftsfähigen und seinem Vertragspartner schwebend unwirksam ist, bleibt die Bindung des Minderjährigen an den Vertrag offen, obwohl der Vertragspartner zunächst von der Wirksamkeit des Vertrages ausgegangen ist. Daher hat der Vertragspartner ein Interesse daran, sich vom Vertrag lösen zu können. Diese Möglichkeit gibt ihm § 109 I BGB.

86

Danach kann der Vertragspartner bis zur Genehmigung des Vertrages sowohl gegenüber dem beschränkt Geschäftsfähigen als auch gegenüber dessen gesetzlichem Vertreter widerrufen.

Der Vertragspartner bedarf jedoch keines Schutzes, wenn er die beschränkte Geschäftsfähigkeit seines Vertragspartners kannte. Dann musste er ja mit der schwebenden Unwirksamkeit rechnen. Ein Widerrufsrecht steht ihm in diesem Fall nicht zu.

Vertiefung

Lesen Sie zum Widerrufsrecht des Geschäftsgegners eines Minderjährigen Fall 37 in „Die 76 wichtigsten Fälle BGB AT".

3. Sonderproblem: „Taschengeldparagraph" (§ 110 BGB)

Einwilligung der Eltern grds. erforderlich

Wie bereits erwähnt, bedarf der Minderjährige zum Abschluss rechtlich nicht lediglich vorteilhafter Geschäfte der Einwilligung seiner Eltern. Es wäre jedoch sowohl für die Eltern als auch für den Rechtsverkehr äußerst unpraktisch, wenn die Eltern in jedes Geschäft, das der Minderjährige abschließen will, *ausdrücklich* einwilligen müssten.

87

Eine Erleichterung in dieser Hinsicht schafft § 110 BGB. Dieser stellt systematisch einen besonderen Fall des § 107 BGB dar. Die Einwilligung liegt in der Überlassung des Taschengeldes und zwar *konkludent* für alle Geschäfte, die der Minderjährige **nach der Vorstellung der Eltern** vornehmen darf und bei denen er sofort bezahlt.

Merken Sie sich in diesem Zusammenhang also, dass es hier auf die Auslegung des Willens der Eltern ankommt: Stimmt das vorgenommene Geschäft mit der Intention der Eltern überein, dann ist es wirksam. Kauft sich ein Vierzehnjähriger hingegen am Kiosk eine Flasche Schnaps, ist dieses Geschäft von der Einwilligung der Eltern nicht gedeckt.

Die Einwilligung durch Überlassung des Taschengeldes ist damit ein Unterfall des beschränkten Generalkonsenses.

Nach § 110 BGB kann der Minderjährige unter bestimmten Voraussetzungen eigenverantwortlich auch solche Geschäfte wirksam vornehmen, die nicht lediglich rechtlich vorteilhaft für ihn sind.

§ 110 BGB: „bewirkt hat"!

a) Die erste Voraussetzung ist, dass der Minderjährige die Leistung „**bewirkt**" <u>haben</u> muss (Wortlaut: <u>wird</u> wirksam), damit das Geschäft wirksam ist, d.h. er muss seine Leistungspflicht erfüllt haben, § 362 I BGB. 88

Beachten Sie bitte: Spricht das Gesetz von „bewirken" (z.B. §§ 110, 362 I, 387, 518 II BGB), ist damit stets die vollständige Erfüllung gemeint. Es genügen keine Ratenzahlungen o.ä. Bewirkt ist eine Leistung erst dann, wenn vollständig und endgültig erfüllt wurde!

b) Weiterhin müssen die Mittel dem beschränkt Geschäftsfähigen zu einem **bestimmten Zweck** oder **zur freien Verfügung** überlassen worden sein. Im Zweifel sind nicht alle Ausgaben, sondern nur solche, die sich im Rahmen des Vernünftigen halten, hiervon umfasst. 89

Bsp.: Kauft sich ein beschränkt Geschäftsfähiger von seinem Taschengeld, welches ihm die Eltern überlassen haben, ein Lotterielos, so ist dieser Kauf nach § 110 BGB wirksam, da dieses Geschäft durch die Überlassung des Geldes gedeckt ist.

*Kauft sich nun der Minderjährige von dem Gewinn i.H.v. 10.000,- € ein Moped, so wird dieser Kauf von der Einwilligung der Eltern nicht gedeckt, wenn die mit der Überlassung des Taschengeldes ausgesprochene Einwilligung sich nicht auch auf dieses **Surrogatsgeschäft** bezieht.*

Das ist eine Frage der Auslegung (§§ 133, 157 BGB). Ergibt diese, dass das zweite Geschäft mitkonsentiert ist, ist von der Wirksamkeit des zweiten Geschäfts auszugehen. Das wird regelmäßig dann der Fall sein, wenn das zweite Geschäft gleich als erstes mit dem Taschengeld hätte vorgenommen werden können, was im Beispielsfall nicht möglich gewesen wäre.

Vertiefung

Arbeiten Sie hierzu Fall 36 in „Die 76 wichtigsten Fälle BGB AT" durch.

c) Schließlich müssen die Mittel **vom gesetzlichen Vertreter** oder mit dessen Zustimmung **von einem Dritten überlassen** worden sein. Dritter ist damit jeder, ausgenommen der gesetzliche Vertreter, insb. Verwandte und Freunde.

90

4. Teilgeschäftsfähigkeit

In §§ 112, 113 BGB ist die Teilgeschäftsfähigkeit der beschränkt Geschäftsfähigen geregelt.

91

Für die darin geregelten Rechtsgeschäfte sind die beschränkt Geschäftsfähigen voll geschäftsfähig.

§§ 112, 113 BGB: der beschr. Geschäftsfähige ist unbeschränkt geschäftsfähig

a) Betreibt der beschränkt Geschäftsfähige mit Ermächtigung des gesetzlichen Vertreters und mit Genehmigung des Familiengerichts ein Erwerbsgeschäft (z.B. die vom Onkel geerbte Bank), so ist er für all die Rechtsgeschäfte **unbeschränkt geschäftsfähig**, die der Geschäftsbetrieb mit sich bringt, § 112 I S. 1 BGB (z.B. Bürgschaftserklärungen).

92

> ***Bsp.:*** *Der minderjährige A betreibt selbstständig mit Ermächtigung seiner Eltern und der Genehmigung des Familiengerichts ein Computergeschäft. Stellt er Mitarbeiter an, gehören die mit diesen abgeschlossenen Arbeitsverträgen zum Geschäftsbetrieb. Die Arbeitsverträge sind wirksam, da A nach § 112 I S. 1 BGB für diese Geschäfte unbeschränkt geschäftsfähig ist.*

b) Wird der beschränkt Geschäftsfähige von seinem gesetzlichen Vertreter ermächtigt, in ein Dienst- oder Arbeitsverhältnis zu treten, so ist er für all die Geschäfte **unbeschränkt geschäftsfähig**, welche die Eingehung oder Aufhebung eines Dienst- oder Arbeitsverhältnisses der gestatteten Art oder die Erfüllung der sich aus einem solchen Verhältnis ergebenden Verpflichtungen betreffen, § 113 I S. 1 BGB.

93

Eine familiengerichtliche Genehmigung ist hier im Gegensatz zu § 112 BGB nicht erforderlich.

> ***Bsp.:*** *Der siebzehnjährige A arbeitet mit Ermächtigung seiner Eltern in einer Schreinerei. Er tritt einer Gewerkschaft bei. Dieser Beitritt dient der Erfüllung der sich für A aus dem Arbeitsverhältnis ergebenden Pflichten, da die Gewerkschaft für A unmittelbar die Arbeitsbedingungen aushandelt.*

II. Einseitige Rechtsgeschäfte eines beschränkt Geschäftsfähigen

Ein einseitiges Rechtsgeschäft, das ein beschränkt Geschäftsfähiger ohne die *erforderliche* (d.h. wenn sie überhaupt erforderlich ist) Einwilligung seines gesetzlichen Vertreters vornimmt, ist unwirksam, § 111 S. 1 BGB.

94

Es kann auch nicht durch nachträgliche Zustimmung (Genehmigung, § 184 I BGB) wirksam werden.

Wirksam ist es also nur, wenn es dem beschränkt Geschäftsfähigen lediglich einen rechtlichen Vorteil bringt oder der gesetzliche Vertreter vorher zustimmt (Einwilligung, § 183 S. 1 BGB).

> **Bsp.:** *Die Erklärung der Minderung ist lediglich rechtlich von Vorteil, weil der Minderjährige einen geringeren Kaufpreis zu zahlen hat. Die Erklärung des Rücktritts demgegenüber nicht, weil der Minderjährige dadurch seinen eigenen Leistungsanspruch verliert.*

Zweck dieser Regelung ist es, für die Personen Klarheit zu schaffen, die durch das Rechtsgeschäft betroffen sind. Ihretwegen soll der Schwebezustand, wie er bei den Verträgen auftritt, ausgeschlossen sein.

Etwas anderes gilt natürlich dann, wenn der Betroffene in Kenntnis der beschränkten Geschäftsfähigkeit des Handelnden damit einverstanden ist, dass die Wirksamkeit des Rechtsgeschäfts von der Zustimmung des gesetzlichen Vertreters abhängig ist. Dann greift § 111 BGB trotz fehlender Einwilligung nicht ein.

Beachten Sie: Erfolgt die Einwilligung des gesetzlichen Vertreters nur mündlich und weist die andere Partei das Rechtsgeschäft aus diesem Grund unverzüglich (d.h. ohne schuldhaftes Zögern, § 121 S. 1 BGB) zurück, so ist es trotz Einwilligung unwirksam, § 111 S. 2 BGB. Allerdings ist die Zurückweisung ausgeschlossen, wenn der Vertreter den anderen von der Einwilligung in Kenntnis gesetzt hat, § 111 S. 3 BGB.

Vertiefung

Arbeiten Sie zu den einseitigen Rechtsgeschäften eines Minderjährigen die Fälle 31 und 32 in „Die 76 wichtigsten Fälle BGB AT" nach!

Abschließende Übersicht:

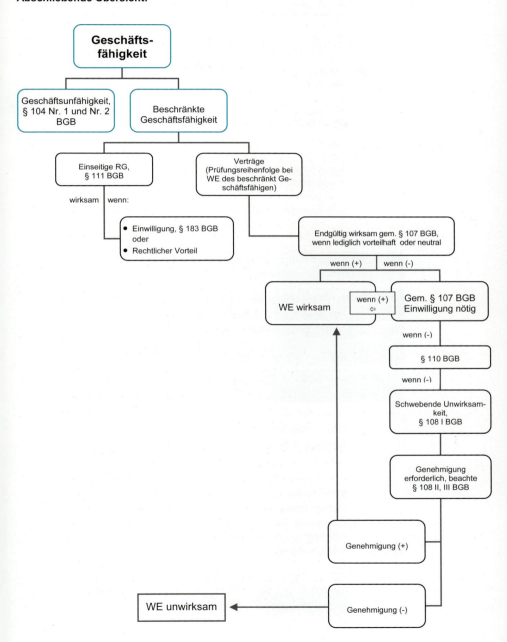

§ 6 Formbedürftige Rechtsgeschäfte

A. Bedeutung der Formbedürftigkeit

Rechtsgeschäfte sind grundsätzlich formlos wirksam. **95**
Dadurch soll der Rechtsverkehr erleichtert werden.

warum Form?:

Beweisfunktion

Beratungsfunktion

Schutz- und Warn-funktion

Ausnahmsweise sind Rechtsgeschäfte formbedürftig. Eine bestimmte Form kann zum einen der Sicherung von Beweismitteln (**Beweisfunktion**) und zum anderen der Beratung über die Auswirkungen des Rechtsgeschäfts (**Beratungsfunktion**) dienen. Schließlich soll der Erklärende auch vor übereilten Entscheidungen gewarnt werden; ihm soll also eine gewisse Bedenkzeit eingeräumt werden, bevor er wichtige Geschäfte abschließt (**Schutz-** und **Warnfunktion**).

• **Warnfunktion:** Schutz vor übereilten Verpflichtungen („Übereilungsschutz")	↳ z.B. §§ 766; 518
• **Beweisfunktion:** leichtere Beweisbarkeit von Abschluss und Inhalt des Rechtsgeschäfts	↳ z.B. § 550
• **Belehrungsfunktion:** Belehrung der Parteien über Folgen der abzuschließenden Rechtsgeschäfte (insbes. durch Notar)	↳ z.B. § 2276
• **Kontrollfunktion:** behördl. Kontrolle der vorgenommenen Rechtsgeschäfte	↳ z.B. § 83 II S. 1 WpHG

↳ *Je nach Normzweck der Vorschrift; manchmal mehrere Funktionen gleichzeitig, z.B. § 311b I S. 1 BGB*

Fehlt die Form, ist das Rechtsgeschäft gem. § 125 S. 1 BGB nichtig. Damit befinden wir uns immer noch bei dem Prüfungspunkt „Anspruch entstanden". Die Formvorschriften gehören zu den **rechtshindernden Einwendungen**, die die Entstehung des Primäranspruchs hindern können (vgl. Rn. 17).

Vertiefung

Lesen Sie zum Einstieg in die Formproblematik den Fall 41 in „Die 76 wichtigsten Fälle BGB AT".

B. Arten der Form

Ob ein Rechtsgeschäft der Form bedarf, ergibt sich entwe-   **96**
der aus dem Gesetz (**gesetzliches Formerfordernis**), oder
die Parteien vereinbaren (aufgrund der Privatautonomie),
dass das Rechtsgeschäft eine bestimmte Form haben muss
(**rechtsgeschäftliches Formerfordernis**).

Man unterscheidet verschiedene Arten der **gesetzlichen**
Form. Deren Erfordernisse sind in §§ 126 ff. BGB geregelt:

⇨   Schriftform, § 126 BGB, z.B. §§ 766, 780, 781 BGB,

⇨   notarielle Beurkundung, § 128 BGB, z.B. §§ 311b, 518
    BGB,

⇨   öffentliche Beglaubigung, § 129 BGB, z.B. § 29 GBO,

⇨   elektronische Form, § 126a BGB,

⇨   Textform, § 126b BGB, z.B. § 613a V S. 1 BGB.

Zu beachten ist, dass das Rechtsgeschäft im Ganzen von
den Formvorschriften erfasst wird. Das bedeutet, dass beim
Vertrag alle Abreden formbedürftig sind, aus denen sich
nach dem Willen der Parteien der Vertragsinhalt zusammen-
setzen soll. Daneben erstreckt sich der Formzwang auch auf
die Nebenabreden, wenn sie Vertragsinhalt werden sollen.
Das Gleiche gilt für den **Vorvertrag** zu einem formbedürftigen Vertrag.

Vorvertrag

*Bsp.: A und B vereinbaren folgenden formlosen Vorver-
trag: „Ich, A, verpflichte mich, mit B einen Kaufvertrag
über mein Grundstück zu schließen". Ist dieser Vorvertrag wirksam?*

*Wäre ein solcher Vorvertrag formlos wirksam, könnte die
Formvorschrift des § 311b I S. 1 BGB umgangen werden.
Mit Abschluss eines formlosen Vorvertrages wird die
Warn- und Schutzfunktion der Formvorschriften ausge-
schaltet. Die Parteien wären gezwungen, den Kaufvertrag
über das Grundstück zu schließen, um nicht gegen den
Vorvertrag zu verstoßen und sich schadensersatzpflichtig
zu machen. Um die Warn- und Schutzfunktion der Form-
vorschriften aufrechtzuerhalten, muss daher auch der
Vorvertrag der Form entsprechen, § 311b BGB analog.*

*Merken Sie sich in diesem Zusammenhang auch schon
die gleiche Problematik bei einer **unwiderruflichen
Vollmacht** zum Erwerb oder der Veräußerung eines
Grundstücks oder einem Grundstücksmaklervertrag mit
empfindlicher Vertragsstrafe! Auch hier greift § 311b BGB
analog ein.*

Vertiefung

Lesen Sie hierzu den Fall 45 in „Die 76 wichtigsten Fälle BGB AT".

C. Rechtsfolgen bei Nichtbeachtung der Form

Nichtbeachtung

I. Nichtbeachtung der gesetzlichen Form

Nichtigkeit

Wird die gesetzliche Form nicht beachtet, so ist das Rechtsgeschäft gem. § 125 S. 1 BGB **nichtig**.

97-98

1. Heilung des Formmangels

aber: Heilung?

Allerdings kann bei bestimmten Rechtsgeschäften der Formmangel geheilt werden.

99

Das ist z.B. bei Grundstücksveräußerungsverträgen der Fall. Nach § 311b I S. 1 BGB bedarf ein Kaufvertrag über ein Grundstück der notariellen Beurkundung (dazu § 128 BGB). Ist diese Form nicht eingehalten, so ist der Vertrag grds. nichtig, § 125 S. 1 BGB. Erfolgt aber der Vollzug des Vertrages, indem der Erwerber nach Einigung und Eintragung in das Grundbuch Eigentümer wird, so wird der Formmangel gem. § 311b I S. 2 BGB geheilt. Das formlose Rechtsgeschäft wird also „ex nunc" wirksam.

Grund für die Heilung: Nachdem die Parteien sich vor der zuständigen Stelle dinglich geeinigt haben (sog. Auflassung, vgl. § 925 BGB) und eine Eintragung ins Grundbuch erfolgt ist, ist die Warn- und Schutzfunktion, die § 311b I S. 1 BGB verfolgt, entbehrlich geworden. Außerdem sollen abgeschlossene sachenrechtliche Tatbestände im Interesse der Rechtssicherheit nicht bereicherungsrechtlich rückabgewickelt werden.

2. Durchbrechung des Formzwangs nach Treu und Glauben

Durchbrechung des Formzwangs

Problematisch sind die Fälle, in denen der Vertrag nichtig ist, es aber nicht gerecht erscheint, wenn sich eine der Parteien auf die Nichtigkeit des Rechtsgeschäfts wegen Formmangels beruft.

100

= Ausnahme!

In diesen Fällen kann der **Formzwang** nach den Grundsätzen von **Treu und Glauben** gem. **§ 242 BGB ausnahmsweise durchbrochen** werden.

Da aber die Gefahr besteht, dass die Formvorschriften ausgehöhlt werden, ist die Durchbrechung des Formzwangs aus Gründen der Einzelfallgerechtigkeit nur auf wenige Fälle beschränkt:

a) Arglistige Täuschung seitens einer Partei

Hat eine Partei die andere über die Formbedürftigkeit arglistig getäuscht, so kann der Täuschende die Erfüllung des Vertrages nicht mit der Begründung verweigern, dass die Form fehle. Vielmehr muss er den Vertrag auf Verlangen des Getäuschten erfüllen.

101

b) Fahrlässige Nichtbeachtung

Haben die Parteien die Form des Vertrages fahrlässigerweise nicht gekannt oder ist die bekannte Form versehentlich unterblieben, so ist der Vertrag nichtig, § 125 S. 1 BGB. Nur bei schlechthin untragbaren Ergebnissen kann § 242 BGB dem Berufen auf die Formnichtigkeit entgegengehalten werden.

102

Beachten Sie: Es genügt nicht, wenn das Ergebnis lediglich hart ist. Vielmehr muss die Nichtigkeit des Vertrages „**schlechthin untragbar**" sein!

Bsp.: M kauft bei W unter Einsatz aller Ersparnisse ein Grundstück zum Preis von 300 000 €. Der Gang zum Notar unterbleibt versehentlich. Das Grundstück wird M überlassen und errichtet unter Aufnahme eines umfangreichen Kredits mehrere Gebäude zur gewerblichen Nutzung. Später weigert sich W, das Grundstück zu übereignen. Im Übrigen seien die Gebäude für ihn nicht verwendbar, so dass er auch nicht bereit ist, im Gegenzug einen Betrag an M zu zahlen.

In diesem Fall kann ein schlechthin untragbares Ergebnis angenommen und über § 242 BGB einen Anspruch auf Übereignung bejaht werden. Die Nichtdurchführung des Vertrages hätte existenzgefährdenden Charakter für M, so dass ein Berufen auf die Formnichtigkeit treuwidrig wäre.

c) Nicht: Bewusste Nichtbeachtung der Form

Wird die Form von beiden Parteien bewusst, d.h. in Kenntnis der Formbedürftigkeit, nicht beachtet, so ist der Vertrag nichtig. Die Partei, die auf eine Leistung aus dem formnichtigen Vertrag pocht, verhielte sich widersprüchlich, wenn sie trotz der bewussten Nichtbeachtung der Formvorgabe gegen den Vertragspartner vorgehen möchte. Arg.: *„Wer dem Gesetz nicht vertraut, dem hilft das Gesetz auch nicht".* 103

Vertiefung

Arbeiten Sie zu diesem Problemkreis die Fälle 42 und 43 in „Die 76 wichtigsten Fälle BGB AT" durch.

II. Nichtbeachtung der rechtsgeschäftlichen Form

Wie bereits oben gezeigt, beruht das Recht der Parteien, durch Rechtsgeschäft die Einhaltung einer Form zu vereinbaren, auf Privatautonomie. Daher richten sich die Rechtsfolgen bei Nichteinhaltung der Form ebenfalls nach dem Willen der Parteien. Dieser Wille ist durch Auslegung zu ermitteln, §§ 133, 157 BGB. Erst wenn die Auslegung zu keinem Ergebnis kommt, greift § 125 S. 2 BGB. Danach ist das Rechtsgeschäft im Zweifel nichtig. 104

Beachten Sie: Immer wenn das Gesetz von „im Zweifel" spricht, ist damit gemeint, dass die vom Gesetz vorgesehene Rechtsfolge erst eintritt, wenn man durch Auslegung der Willenserklärungen der Parteien zu keinem Ergebnis kommt.

Vertiefung

Lesen Sie hierzu den Fall 44 in „Die 76 wichtigsten Fälle BGB AT".

§ 7 Gesetzliche Verbote

rechtshindernde Ein-
wendungen

Im Folgenden werden inhaltliche Schranken eines Rechtsgeschäfts behandelt. Diese stellen **rechtshindernde Einwendungen** dar und sind damit ebenfalls unter dem Prüfungspunkt „Anspruch entstanden" zu prüfen.

105

A. Gesetzliches Verbot, § 134 BGB

Verbots-gesetz	**Gesetze** i.S.d. § 134 sind alle deutschen formellen und materiellen Rechtsnormen (vgl. Art. 2 EGBGB)
	Verbot: zivilrechtliche Wirksamkeit des Rechtsge-schäfts muss mit Sinn und Zweck des Verbotsgeset-zes unvereinbar sein ⇨ Auslegung erforderlich

(-) bei:

Normen, die eige-ne Rechtsfolgen-regelung treffen, z.B. §§ 138, 723 III, 925 II	Normen, die ledig-lich rechtliche Ge-staltungsfreiheit (rechtliches „Kön-nen") einschränken, z.B. §§ 137, 181	Bloße Ordnungs-vorschriften z.B. GastG, Bau-ordnung

gesetzliches Verbot

Nach § 134 BGB ist ein Rechtsgeschäft, das gegen ein gesetzliches Verbot verstößt, nichtig, wenn sich aus dem Gesetz nicht ein anderes ergibt. § 134 BGB ist „Einbruchstelle"
des öffentlichen Rechts ins Zivilrecht.

Verbotsgesetz

I. Zunächst muss überhaupt ein Verbotsgesetz vorliegen.
Ein gesetzliches Verbot i.S.d. § 134 BGB ist jede Rechts-
norm, d.h. nicht nur formelle Gesetze, wie das BGB oder
StGB, sondern auch Rechtsverordnungen, Satzungen oder
auch Gewohnheitsrecht. Formulierungen im Gesetz wie „darf
nicht", „ist unzulässig" oder „ist nicht übertragbar" deuten darauf hin, dass es sich um ein Verbotsgesetz handelt.

„Durchschlagen"

II. Dieses öffentlich-rechtliche Verbotsgesetz muss sich weiter überhaupt gegen den Inhalt des zivilrechtlichen Rechtsgeschäfts richten, d.h. es muss auf die zivilrechtliche Ebene
durchschlagen (vgl. den Wortlaut: „nichtig, soweit sich nicht
etwas anderes ergibt").

106

Schwarzarbeit

Bsp.: A, der nicht in der Handwerksrolle eingetragen ist, und B vereinbaren, dass A für B „schwarz" Malerarbeiten ausführen soll. Ist dieser Werkvertrag wirksam?

A und B haben zwei übereinstimmende Willenserklärungen abgegeben. Möglicherweise ist der Vertrag jedoch gem. § 134 BGB nichtig.

Dann müssten A und B gegen ein gesetzliches Verbot verstoßen haben. Als Verbotsgesetz kommt das Gesetz zur Bekämpfung der Schwarzarbeit (SchwArbG) in Betracht. Dieses verbietet die Ausübung des Handwerksgewerbes, wenn keine Eintragung in die Handwerksrolle vorliegt, vgl. § 1 II Nr.5 SchwArbG.

A führte mit Willen des B für diesen Handwerksarbeiten aus, ohne in die Handwerksrolle eingetragen zu sein. Damit verstießen A und B gegen ein Verbotsgesetz.

Fraglich ist aber, ob der Vertrag deswegen gem. § 134 BGB nichtig ist.

Das ist dann der Fall, wenn das SchwArbG sich gegen den Inhalt des Rechtsgeschäfts richtet, also gerade die Wirksamkeit des zivilrechtlichen Vertrages verhindern soll.

Das SchwArbG will den Leistungsaustausch zwischen dem Auftraggeber und dem schwarzarbeitenden Auftragnehmer verhindern.

Dies ist nur dann möglich, wenn der zwischen ihnen geschlossene Vertrag nichtig ist. Damit richtet sich das SchwArbG gegen den Inhalt des Vertrages. Das Verbot, Schwarzarbeit zu leisten, schlägt also auf die zivilrechtliche Ebene durch.

Der Werkvertrag zwischen A und B ist nichtig.

Ordnungsvorschriften

Sog. bloße Ordnungsvorschriften dagegen fallen **nicht** unter § 134 BGB, weil sie sich nur auf die Form oder Art, nicht aber auf den Inhalt des Rechtsgeschäfts beziehen, also nicht durchschlagen.

Bsp.: So will z.B. das Ladenschlussgesetz als Ordnungsvorschrift nicht verhindern, dass der Bäcker überhaupt Brötchen verkauft. Vielmehr bezweckt dieses nur den Schutz der Arbeitnehmer sowie der Nacht-, Sonn- und Feiertagsruhe.

Über die Gültigkeit eines Lebensmittelverkaufs außerhalb der Ladenzeiten sagt das Ladenschlussgesetz nichts aus. Keine Verbotsgesetze sind auch die Sperrstunden- verordnungen, weil sie nicht auf die zivilrechtliche Ebene durchschlagen sollen. So liegt dem „Bier nach eins" trotz- dem ein wirksamer Bewirtungsvertrag zugrunde!

III. Weiterhin muss ein **beiderseitiger Verstoß** gegen das Verbotsgesetz vorliegen *(daher mussten im oben dargestell- ten Beispiel A und B gegen das SchwArbG verstoßen)*. Hat nur einer der Geschäftspartner gegen ein Verbotsgesetz verstoßen, so ist zu prüfen, ob das Rechtsgeschäft nichtig ist oder ob es im Interesse der vertrauenden Partei gültig sein soll.

107

> **Bsp.:** *Kommt ein Kaufvertrag durch Betrug des Verkäu- fers zustande, so verstößt dieser gegen § 263 StGB. Obwohl der Verkäufer gegen ein gesetzliches Verbot ver- stoßen hat, kann der vertrauende Käufer ein Interesse daran haben, den Vertrag aufrechtzuerhalten. Der Kauf- vertrag ist daher nicht nichtig. Vielmehr kann der Käufer diesen wegen arglistiger Täuschung gem. § 123 I BGB anfechten.*

IV. Ein beiderseitiger Verstoß gegen das Verbotsgesetz hat die Nichtigkeit des Rechtsgeschäfts zur Folge.

108

Abstraktionsprinzip

Dabei wird nur das Verpflichtungsgeschäft nichtig, das Ver- fügungsgeschäft bleibt wirksam (**Abstraktionsprinzip**). Al- lerdings ist eine Rückabwicklung nach § 812 BGB möglich (vgl. das Beispiel bei Rn. 80).

Nur wenn das Verbotsgesetz nicht allein den Inhalt des Ver- pflichtungsgeschäfts missbilligt, sondern darüber hinaus auch die Änderung der dinglichen Rechtslage untersagt, ist auch das Verfügungsgeschäft nichtig (man spricht dann von **Fehleridentität**).

Vertiefung

Bitte arbeiten Sie den Fall 46 in „Die 76 wichtigsten Fälle BGB AT" durch.
Für Fortgeschrittene empfehlen wir auch die Fälle 47 und 48. Dieser Problemkreis ist nicht einfach. Haben Sie aber keine Angst! Schauen Sie sich einmal in aller Ruhe die in diesem Zusammenhang bestehenden Probleme an. Dann kann weder in der Klausur noch in der Hausarbeit etwas schief gehen.

V. Schließlich erfasst § 134 BGB auch die **Umgehungsgeschäfte**. Darunter versteht man solche Geschäfte, die für sich betrachtet zulässig sind, jedoch im konkreten Zusammenhang als „Ersatz" für ein verbotenes Geschäft stehen.

Bsp.: Dem Gastwirt A wurde die Erlaubnis zum Betrieb einer Gaststätte wegen Alkoholismus entzogen. Daraufhin verkauft A dem B die Gaststätte und vereinbart mit ihm, als dessen Geschäftsführer die Wirtschaft zu führen.

Eine derartige Vereinbarung ist grundsätzlich zulässig. Jedoch soll mit dieser Vereinbarung der Entzug der Erlaubnis umgangen werden. Daher stellt die zwischen A und B erfolgte Abrede ein Umgehungsgeschäft dar, welches nach § 134 BGB nichtig ist.

B. Sittenwidrige Rechtsgeschäfte, Wucher, § 138 BGB

§ 138 BGB regelt in Abs. 2 den Wucher als speziellen Fall der Sittenwidrigkeit. Darüber hinaus enthält Abs. 1 eine allgemeine Sittenwidrigkeitsklausel.

I. Sittenwidrige Rechtsgeschäfte gem. § 138 I BGB

Sittenverstoß: Verstoß gegen das Anstandsgefühl aller billig und gerecht Denkenden und somit der herrschenden Rechts- und Sozialmoral. Durchschnittlicher Maßstab + Wertesystem d. GG ⇨ Gesamtwürdigung des Rechtsgeschäfts (nach Inhalt; Zweck, Beweggrund etc.)

Subjektive Vorwerfbarkeit: pers. Vorwerfbarkeit des Verhaltens: Grds. **Kenntnis** der die SiWi begründenden Umstände:

Bei Verstoß gegenüber **Vertragspartner**: einseitige Kenntnis genügt	Zurechnung des Vertreters, § 166 I	Gegenüber **Allgemeinheit/ Dritten**: Kenntnis aller Beteiligten erforderlich

sittenwidrige Rechtsgeschäfte

1. Unter guten Sitten versteht man das, was dem „**Anstandsgefühl aller billig und gerecht Denkenden**" entspricht. Diese Beschreibung verdeutlicht, dass § 138 I BGB an die bestehende Sozialmoral anknüpft.

109

110

111

Objektiv muss das Rechtsgeschäft also gegen die Auffassung eines „anständigen Durchschnittsmenschen" verstoßen. Dabei muss stets ein Wandel in den Wertvorstellungen berücksichtigt werden.

> *Bsp.: So verstieß es Mitte des letzten Jahrhunderts gegen die guten Sitten, eine Geliebte zur Alleinerbin einzusetzen, während die Ehefrau enterbt wurde. Dies wird heutzutage nur noch dann angenommen, wenn die Erbeinsetzung als Entlohnung für „Liebesdienste" zu Lebzeiten angesehen werden kann.*

Subjektiv muss der Handelnde die Umstände kennen, aus denen sich die Sittenwidrigkeit ergibt; nicht erforderlich ist dagegen, dass er selbst sein Handeln für sittenwidrig hält.

Fallgruppen:

⇨ Ausnutzung von Macht- und Monopolstellungen

⇨ Knebelungsverträge *(z.B. Gastwirt A verpflichtet sich gegenüber der Brauerei B, 30 Jahre lang ausschließlich dieselbe Sorte Bier zu beziehen. Das schränkt seine wirtschaftliche Bewegungsfreiheit unangemessen ein.)*

⇨ Übermäßige Leistung von Sicherheiten an einen Gläubiger, so dass die anderen benachteiligt werden.

2. Will ein Vertragspartner sittenwidrig handeln, ist der geschlossene Vertrag objektiv aber nicht in der Lage, eine dem Anstandsgefühl widersprechende Rechtsfolge auszulösen, findet § 138 I BGB keine Anwendung.   *112*

3. Liegen sämtliche Voraussetzungen vor, führt ein Verstoß gegen die guten Sitten zur Nichtigkeit des Rechtsgeschäfts.   *113*

II. Wucher, § 138 II BGB

Wucher

Das wucherische Geschäft ist ein Sonderfall des sittenwidrigen Rechtsgeschäfts nach § 138 I BGB.   *114*

Objektiv muss ein auffälliges Missverhältnis zwischen Leistung und Gegenleistung bestehen.

Subjektiv muss der Wucherer die Zwangslage, die Unerfahrenheit, den Mangel an Urteilsvermögen oder die erhebliche Willensschwäche eines anderen ausbeuten. Dabei liegt ein Ausbeuten immer dann vor, wenn die schlechte Situation des Geschäftsgegners ausgenutzt wird, um einen übermäßigen Gewinn zu erzielen.

Rechtsfolge des Wuchers ist die Nichtigkeit des Rechtsgeschäfts. Nach dem Wortlaut des § 138 II BGB („versprechen oder gewähren lässt") ist nicht nur die Nichtigkeit des Verpflichtungsgeschäfts die Folge, wie das bei §§ 134, 138 I BGB der Fall ist, sondern auch die Nichtigkeit des Verfügungsgeschäfts.

Exkurs

Im Zusammenhang mit §§ 134, 138 BGB ist auch § 139 BGB zu beachten. *115*

Nach § 139 BGB ist das ganze Rechtsgeschäft nichtig, wenn ein Teil dieses Rechtsgeschäfts nichtig ist und wenn anzunehmen ist, dass es ohne den nichtigen Teil nicht vorgenommen sein würde.

Demnach empfiehlt sich folgende Prüfungsreihenfolge:

a) Es müsste ein **einheitliches Rechtsgeschäft** vorliegen. Ob das Rechtsgeschäft einheitlich ist, beurteilt sich nach dem Willen der Geschäftspartner.

b) Ein **Teil** des Rechtsgeschäfts muss **nichtig** sein. Dabei spielt es keine Rolle, auf welchem Grund die Nichtigkeit beruht (z.B. Geschäftsunfähigkeit, §§ 134, 138 BGB, Formunwirksamkeit etc.).

c) Schließlich ist mit Hilfe der Auslegung zu ermitteln, ob das **restliche Rechtsgeschäft** trotz Nichtigkeit eines Teils **gültig** ist **oder nicht**. Kommt man mit der Auslegung zu keinem deutlichen Ergebnis, greift die Auslegungsregel des § 139 BGB ein. Danach ist das ganze Rechtsgeschäft nichtig.

Merke: Grundsätzlich stellen das Verpflichtungs- und das Verfügungsgeschäft kein einheitliches Rechtsgeschäft dar (Abstraktionsprinzip!). Eine Ausnahme besteht nur dann, wenn sich aus dem Parteiwillen etwas anderes ergibt.

Exkurs Ende

§ 8 Anfechtung

Voraussetzungen der Anfechtung

(1)	Anfechtungsgrund	§§ 119-123 (Besonderheiten im ErbR: §§ 2078 f.)
(2)	Kausalität	Anf.-Grund kausal für *diese* konkrete WE
(3)	Anfechtungserklärung	§§ 104 ff. gelten
(4)	Richtiger Anfechtungsgegner	§ 143; bei empfangsbedürftigen WE'en ggü. Erklärungsempfänger, § 143 II, III
(5)	Anfechtungsfrist	§§ 121, 124; § 2082
(6)	Kein Ausschluss	§ 144; auch § 242

rechtsvernichtende Einwendungen

Ist der Anspruch entstanden und stehen keine rechtshindernden Einwendungen entgegen, kommen wir zum Prüfungspunkt **„Anspruch erloschen"**. Im Rahmen dieses Prüfungspunktes stellt sich die Frage nach den **rechtsvernichtenden Einwendungen** (vgl. Rn. 19).

116

Wirkung ex tunc

Die wichtigste rechtsvernichtende Einwendung des Allgemeinen Teils des BGB ist die Anfechtung. Durch eine wirksame Anfechtung einer Willenserklärung wird das Rechtsgeschäft rückwirkend, d.h. ab dem Zeitpunkt des Vertragsschlusses, nichtig (ex-tunc–Wirkung der Anfechtung).

Bei §§ 116 – 118 BGB (Rn. 48 ff.) fallen der Wille und das objektiv Erklärte *bewusst* auseinander.

unbewusstes Auseinanderfallen von Wille und Erklärtem

Fallen dagegen Wille und objektiv Erklärtes **unbewusst** auseinander, **fehlt** dem Erklärenden also der **Geschäftswille** (Rn. 29), dann ist die Willenserklärung nicht automatisch nichtig. Andernfalls wären die Anfechtungsregeln ja überflüssig (vgl. Rn. 30) und der Erklärungsempfänger wäre schutzlos. Eine solche Erklärung kann jedoch angefochten werden.

Auslegung geht der Anfechtung vor!

Ob allerdings der Erklärungsempfänger in seinem Vertrauen auf das Erklärte schutzwürdig ist, hängt davon ab, wie er die Willenserklärung aufgefasst hat und wie er sie bei der Anwendung der ihm zumutbaren Sorgfalt hätte auffassen müssen (Rn. 30 f.). Dies ist durch **Auslegung** der Willenserklärung gem. §§ 133, 157 BGB zu ermitteln.

Auslegung bedeutet, dass zunächst der hinter der Erklärung stehende wirkliche Wille des Erklärenden zu ermitteln ist. Wenn der Empfänger erkennt oder wenn er hätte erkennen können, was der Erklärende mit seiner Erklärung gewollt hat, dann gilt das Gewollte. Konnte der Empfänger das Gewollte dagegen nicht erkennen, gilt das objektiv Erklärte. Dem Erklärenden steht dann jedoch ein Anfechtungsrecht zu.

Klausurtipp ✍

Merke: Die Auslegung geht der Anfechtung also vor!!! Eine Anfechtung darf erst dann geprüft werden, wenn zuvor die Willenserklärung ausgelegt worden ist.
Die Prüfung muss also so aussehen: ⇨ Was wurde objektiv erklärt, §§ 133, 157 BGB? ⇨ Was war gewollt? ⇨ Fallen Erklärtes und Gewolltes *bewusst* (dann §§ 116 - 118 BGB) oder unbewusst (dann § 119 I BGB) auseinander?

Sie fragen sich jetzt sicherlich: Warum darf denn der Erklärende anfechten, wenn doch der Erklärungsempfänger schutzwürdig ist? Würde mit der Anfechtung der Schutz des Empfängers nicht entfallen?

Das Anfechtungsrecht liegt darin begründet, dass der Erklärende nicht an einer Willenserklärung festgehalten werden soll, bei der versehentlich sein Wille und das tatsächlich Erklärte auseinander fallen.

Der Schutz des Erklärungsempfängers nach einer Anfechtung wird durch die Schadensersatzpflicht des § 122 I BGB gewährleistet.

I. Voraussetzungen der Anfechtung

Grund, Erklärung, Frist

Die Anfechtung ist ein Gestaltungsrecht, d.h. ein subjektives Recht, aufgrund dessen eine Partei einseitig auf das Rechtsgeschäft einwirken kann, ohne dass die andere es verhindern kann. Alle Gestaltungsrechte *(z.B. Anfechtung, Widerruf, Rücktritt, Kündigung, Aufrechnung)* bestehen aus **drei Prüfungspunkten**:

117

⇨ Grund (hier: Anfechtungsgrund)

⇨ Erklärung (hier: Anfechtungserklärung)

⇨ Kein Ausschluss (hier: Anfechtungsfrist).

1. Anfechtungsgründe

abschließender Kata-
log der Gründe

Die Anfechtungsgründe sind im Gesetz abschließend aufge-
zählt.

a) Die Irrtumsanfechtung, §§ 119, 120 BGB

Der für Klausuren relevanteste Fall ist die Irrtumsanfechtung   **118**
nach § 119 BGB.

Inhaltsirrtum

aa) Inhaltsirrtum nach § 119 I Alt. 1 BGB

(1) Ein Inhaltsirrtum liegt vor, wenn der Erklärende *„bei Ab-*   **119**
gabe einer Willenserklärung über deren Inhalt im Irrtume
war". Der Erklärende erklärt zwar, was er erklären will, aber
er **irrt** sich **über** die **rechtliche Bedeutung** seiner Erklärung. Er misst seiner Erklärung einen anderen Sinn bei, als
sie in Wirklichkeit hat.

> **Bsp.:** *A bestellt bei B Haakjöringsköd (Haifischfleisch) in*
> *der Meinung, es handelt sich um Walfischfleisch. B kennt*
> *dagegen die richtige Bedeutung des Wortes und schickt*
> *ihm das Haifischfleisch zu. Bei der Lieferung stellt sich*
> *das Missgeschick heraus. Hier kann A seine Erklärung*
> *gem. § 119 I Alt. 1 BGB anfechten.*

Das bedeutet, dass der Irrtum für die Willenserklärung ursächlich sein muss (**Kausalität**).

> Hätte A im obigen Beispiel gewusst, dass es sich bei
> Haakjöringsköd um Haifischfleisch handelt, hätte er als
> verständiger und vernünftiger Mensch keine derartige
> Willenserklärung abgegeben. Damit war sein Irrtum ur-
> sächlich für die Abgabe der Willenserklärung. Kausalität
> liegt somit vor.

Vertiefung

Lesen Sie zum Inhaltsirrtum die Fälle 49 und 50 in „Die 76
wichtigsten Fälle für Anfangssemester, BGB AT" von Hem-
mer/Wüst.

Erklärungsirrtum

bb) Erklärungsirrtum nach § 119 I Alt. 2 BGB

(1) Der Erklärungsirrtum nach § 119 I Alt. 2 BGB *(„eine Er-*   **120**
klärung dieses Inhalts überhaupt nicht abgeben wollte") ist
ein Irrtum in der Erklärungshandlung. Hier erklärt der Erklärende nicht das, was er will; er **verspricht**, **verschreibt** oder
vergreift sich.

Bsp.: A will bei B ein Buch für 13,- € kaufen. In seinem schriftlichen Angebot an B verschreibt er sich jedoch und gibt den Preis mit 31,- € an.

(2) Auch hier muss der Irrtum ursächlich für die Abgabe der Willenserklärung sein (vgl. o. Rn. 118).

cc) Anfechtbarkeit nach § 120 BGB wegen falscher Übermittlung

Übermittlungsirrtum

(1) Nach § 120 BGB bedient sich der Erklärende zur Übermittlung seiner Erklärung einer Person (eines Boten) und die Willenserklärung wird durch diese *„Person ... unrichtig übermittelt"*, § 120 BGB.

= Sonderfall des Erklärungsirrtums

Dieser Übermittlungsirrtum ist ein Sonderfall des Erklärungsirrtums. Er gilt nur für Erklärungs-, nicht jedoch für Empfangsboten (Rn. 44 f.).

Erklärungsbote ist - anders als ein Vertreter - eine Person, die keine eigene Willenserklärung abgibt, sondern nur eine fremde Willenserklärung, nämlich die des Geschäftsherrn, überbringt.

Bsp.: A trägt seinem Boten B auf, er solle dem C übermitteln, dass er zehn Bücherbände für 650,- € verkaufen will. Der unaufmerksame B übermittelt aber, dass A die Bücherbände für 560,- € verkaufen will.

Hier liegt ein Übermittlungsirrtum gem. § 120 BGB vor, so dass A die von B überbrachte Willenserklärung anfechten kann.

Die unrichtige Übermittlung der Erklärung wird wie ein Erklärungsirrtum i.S.v. § 119 I Alt. 2 BGB behandelt, § 120 BGB. Sowohl bei § 120 BGB als auch bei § 119 I Alt. 2 BGB weichen Wille und objektiv Erklärtes voneinander ab. Beim Erklärungsirrtum erklärt der Erklärende seinen Willen selbst, beim Übermittlungsirrtum bedient er sich dabei eines Erklärungswerkzeugs, dessen unrichtiges Funktionieren ihm zuzurechnen ist.

§ 120 BGB = unbewusste falsche Übermittlung!

Daraus folgt zugleich: **Voraussetzung** für eine Anfechtung nach § 120 BGB ist, dass der **Bote unbewusst unrichtig übermittelt** hat. Nur dann ist der Fall mit § 119 I Alt. 2 BGB vergleichbar.

121

bewusst falsch = kein Zugang

Übermittelt der Bote dagegen bewusst falsch, so ist dem Erklärenden diese Erklärung nicht zuzurechnen; nach h.M. finden hier die §§ 177 ff. BGB analoge Anwendung. Verweigert der Erklärende die Genehmigung und hat der Empfänger, der auf die Erklärung vertraut hat, dadurch einen Schaden erlitten, so kommen Ansprüche gegen den Boten analog § 179 BGB, also wie beim Vertreter ohne Vertretungsmacht, in Betracht.

(2) Schließlich ist auch i.R.d. § 120 BGB zu beachten, dass der Irrtum der Übermittlungsperson ursächlich für die abgegebene Willenserklärung sein muss. Zwar setzt § 120 BGB anders als § 119 BGB die Kausalität nach seinem Wortlaut nicht voraus, jedoch verweist § 120 BGB auf § 119 BGB, so dass auch hier der Ursachenzusammenhang zu prüfen ist.

anfechtungsberechtigt = Geschäftsherr

<u>Beachten Sie</u> auch, dass bei einem Irrtum des Boten nicht er selbst, sondern nur sein Geschäftsherr anfechten kann!

dd) Eigenschaftsirrtum nach § 119 II BGB

Eigenschaftsirrtum = Motivirrtum

Grds. ist nur ein Irrtum *zum Zeitpunkt der Willenserklärung*, wie ihn § 119 I BGB regelt, beachtlich. Irrtümer bei der Willens*bildung* (sog. **Motivirrtümer**), d.h. wenn der Erklärende von einem falschen Umstand ausgeht, der für den Geschäftswillen bedeutsam ist, sind nicht beachtlich und berechtigen nicht zur Anfechtung.

122

> **Bsp.:** *A erwirbt von B ein Buch, weil er glaubt, dieses gewinnbringend veräußern zu können. Dies gelingt aber nicht. Hier handelt es sich um einen unbeachtlichen Motivirrtum. A kann nicht gegenüber B anfechten.*

ausnahmsweise beachtlich!

Ein Spezialfall des Motivirrtums ist der Eigenschaftsirrtum gem. § 119 II BGB. Dieser ist ausnahmsweise beachtlich.

> **Bsp.:** *A bietet B einen Ring für 10,- € an und nimmt an, dieser besteht aus rostfreiem Stahl. In Wirklichkeit handelt es sich um einen Silberring im Wert von 100,- €. Hier liegt ein Eigenschaftsirrtum vor, so dass A sein Angebot anfechten kann.*

§ 119 II BGB setzt „einen Irrtum über eine verkehrswesentliche Eigenschaft der Person oder Sache" voraus:

Def. Eigenschaft

(1) Eigenschaften i.S.d. § 119 II BGB sind alle **wertbildenden Faktoren, die der Sache unmittelbar und auf Dauer anhaften**.

Wichtig: Der **Wert** der Sache **selbst** gehört jedoch **nicht** dazu, denn dieser ist nicht wertbildender Faktor, sondern repräsentiert lediglich die Summe aller wertbildenden Faktoren.

(2) Person kann außer den Vertragsparteien **auch ein Dritter** sein, wenn das Rechtsgeschäft sich auf ihn bezieht.

Bspe.: Eigenschaften einer Person können z.B. ihr Alter, politische Einstellung, Geschlecht, berufliche Fähigkeiten, Zahlungsfähigkeit usw. sein.

Irrt der Bürge über die Zahlungsfähigkeit des Schuldners als Drittem, weil dieser ihm von einer Erbschaft erzählt hatte, die nie angefallen war, kommt eine Anfechtung der Bürgschaftsübernahme gem. § 119 II BGB in Betracht. Ausnahmsweise wird eine Anfechtung im Ergebnis aber dennoch verneint, da die Zahlungsunfähigkeit des Schuldners gerade das Risiko darstellt, das der Bürge übernommen hat! Davon soll er sich durch Anfechtung nicht lösen können.

(3) Sachen im Sinne des § 119 II BGB sind nicht nur körperliche **Gegenstände**, sondern alles was **verkehrsfähig** ist, d.h. nicht nur Dinge wie Bücher, Stühle, Flaschen o.ä., sondern auch Forderungen.

verkehrswesentlich

(4) Verkehrswesentlich ist die Eigenschaft, wenn sie **für das konkrete Rechtsgeschäft objektiv von Bedeutung** ist. Nicht verkehrswesentlich sind also solche Eigenschaften, die lediglich vom Standpunkt des Erklärenden, also subjektiv erheblich sind.

Kausalität

(5) Schließlich muss auch hier **Kausalität** zwischen Irrtum über die Eigenschaft und der Abgabe der Willenserklärung bestehen. Zwar setzt der Wortlaut des § 119 II BGB selbst keine Kausalität voraus, jedoch bezieht sich auch § 119 II BGB auf § 119 I BGB *("als Irrtum über den Inhalt der Erklärung gilt auch...")*. Hätte der Anfechtende also seine Erklärung auch abgegeben, wenn er seinen Irrtum gekannt hätte, dann fehlt die Kausalität.

Vertiefung

Zur Vertiefung dieser Problematik arbeiten Sie die Fälle 52 und 56 in „Die 76 wichtigsten Fälle BGB AT" durch.

b) Sonstige Irrtümer

aa) Rechtsfolgenirrtum

Beim Rechtsfolgenirrtum irrt sich der Erklärende über eine **123**
Rechtsfolge, die seine Willenserklärung auslöst. Bei diesem
Irrtum kann es sich entweder um einen Inhaltsirrtum i.S.v.
§ 119 I Alt. 1 BGB oder um einen unbeachtlichen Motivirrtum
handeln.

unbeachtlicher
Motivirrtum

(1) Wird die **Rechtsfolge**, über die sich der Erklärende geirrt
hat, **vom Gesetz angeordnet**, so liegt ein unbeachtlicher
Motivirrtum vor. Man kann nicht anfechten, nur weil man das
Gesetz nicht kennt.

> *Bsp.:* A verkauft sein Auto an B. Im Vertrag steht nichts
> über die Sachmängelhaftung des A; diese ergibt sich aus
> dem Gesetz (§§ 434 ff. BGB). Meint A irrtümlich, er brau-
> che bei Sachmängeln nicht einzustehen, weil er im Ver-
> trag keine entsprechende Zusage gemacht habe, liegt ein
> Motivirrtum in Form eines Rechtsfolgenirrtums vor. Er
> kann nicht anfechten.

Vertiefung

Arbeiten Sie hierzu den Fall 51 in „Die 76 wichtigsten Fälle
BGB AT" durch.

Inhaltsirrtum gem.
§ 119 I Alt. 1 BGB

(2) Bildet dagegen die **Rechtsfolge** den **Inhalt der Erklärung** und irrt sich der Erklärende darüber, liegt ein Inhaltsirrtum i.S.v. § 119 I Alt. 1 BGB vor (vgl. Rn. 119).

bb) Kalkulationsirrtum

Hier irrt der Erklärende über einen Umstand, den er seiner **124**
Berechnung (z.B.: Preis, Menge etc.) vorher zugrunde gelegt
hat.

Zu unterscheiden sind der verdeckte und der offene Kalkulationsirrtum.

(1) Verdeckter Kalkulationsirrtum

Beim verdeckten Kalkulationsirrtum wird die Berechnung **125**
nicht offen gelegt.

> *Bsp.:* B verkauft Fahrradventile für 1,10 € pro Stück. Als
> A zehn Ventile kauft (ohne den Preis zu kennen), ver-
> rechnet sich B und verlangt statt 11 € nur 10 €.

B hat sich verrechnet. Das betrifft aber lediglich die *Willensbildung*. Bei der *Willenserklärung* stimmten Wille und objektiv Erklärtes überein, B wollte 10 € sagen und hat 10 € gesagt. Ein Anfechtungsrecht nach § 119 I Alt. 1 BGB scheidet daher aus. Es liegt lediglich ein unbeachtlicher Motivirrtum vor.

(2) Offener Kalkulationsirrtum

Beim offenen Kalkulationsirrtum ist die Berechnung für den Vertragspartner erkennbar. **126**

> *Bsp.: B sagt zu A: „Ein Ventil kostet 1,10 €, das macht bei zehn Ventilen 10 €".*

Auch hier hat sich B verrechnet. Er erklärte aber nicht etwas anderes als er erklären wollte. Vielmehr stimmen Wille und Erklärung überein.

Lediglich **zwischen** dem **gewollt Erklärten und** dem **richtigen Rechenergebnis** besteht **Diskrepanz**. Folglich liegt auch hier kein Inhaltsirrtum, sondern ein unbeachtlicher Motivirrtum vor. Eine Anfechtung ist also ausgeschlossen.

Auslegung ⇨ falsa demonstratio non nocet

Allerdings kann in diesen Fällen bereits die Auslegung (§§ 133, 157 BGB) ergeben, dass nicht der falsch addierte Endbetrag als vereinbart gilt, sondern die Einzelbeträge. Dies ist dann ein Fall der Ihnen bereits bekannten falsa demonstratio non nocet – Regel (Rn. 61).

Im Beispiel kann man durch Auslegung zu dem Ergebnis kommen, dass A und B subjektiv darin übereinstimmen, dass die Annahmeerklärung auf einen Kaufpreis von zehn mal 1,10 € gerichtet war.

Die Bezifferung des Rechnungsbetrags auf 10 € ist eine unbeachtliche Falschbezeichnung. Die Frage nach einer Anfechtung stellt sich dann überhaupt nicht.

Klausurtipp ✍

hemmer-Methode: Denken Sie rechtsfolgenorientiert! Eine Anfechtung entspräche hier auch gar nicht der Interessenlage, denn sie würde keinen Vertrag mit einem vereinbarten Kaufpreis von 11 € zustande bringen, sondern den Kaufvertrag ganz beseitigen.
Haben Sie keine Angst vor dem Kalkulationsirrtum. Sie müssen nur zwischen dem offenen und verdeckten Kalkulationsirrtum differenzieren und erkennen, dass eine Anfechtung nicht in Betracht kommt, weil lediglich ein Irrtum in der *Willensbildung* gegeben ist.

Vertiefung

Lesen Sie hierzu den Fall 55 in „Die 76 wichtigsten Fälle BGB AT". Zur Vertiefung können Sie auch Fall 58 durcharbeiten. Dieser behandelt die Anfechtung eines abredewidrig ausgefüllten Blanketts, welches neben dem Kalkulationsirrtum und dem Rechtsfolgenirrtum ebenfalls einen Sonderfall der Irrtümer darstellt.

c) Anfechtung wegen Täuschung und Drohung nach § 123 BGB

aa) Arglistige Täuschung, § 123 I Alt. 1 BGB

Wird jemand arglistig getäuscht und gibt er infolgedessen eine Willenserklärung ab, die er bei Kenntnis des Sachverhalts nicht abgegeben hätte, dann kann er seine Erklärung anfechten und sich so vom Vertrag lösen, § 123 I Alt. 1 BGB.

127

Klausurtipp 👍

Da ein Vertragsschluss durch arglistige Täuschung sicher auch einen Fall der Sittenwidrigkeit darstellt, kommt auch Nichtigkeit des Vertrages nach § 138 I BGB in Betracht. Dies sollte man kurz ansprechen, dann aber klarstellen, dass § 123 I BGB für den Fall der arglistigen Täuschung (und der widerrechtlichen Drohung) eine Sonderregelung darstellt. Die Anfechtungsregel des § 123 I BGB wäre überflüssig, wenn stets Nichtigkeit vorliegen würde.

durch Tun und Unterlassen möglich

(1) Täuschung bedeutet Hervorrufen oder Aufrechterhalten eines Irrtums durch Vorspiegeln oder Unterdrücken von Tatsachen. Die Täuschung kann also sowohl durch Tun als auch durch Unterlassen erfolgen.

128

Unterlassen

Das Unterlassen wird dem Tun allerdings nur gleichgestellt, wenn eine Pflicht zur Aufklärung besteht. Dies ist dann der Fall, wenn die Mitteilung der Tatsachen nach Treu und Glauben geboten ist. Zu Lasten einer der Parteien muss also ein **Informationsgefälle** bestehen.

Fallgruppen:

⇨ Stellt eine der Vertragsparteien **Fragen**, müssen diese vollständig und **richtig beantwortet** werden.

⇨ Besonders **wichtige Umstände**, die für die Willensbildung notwendig und erkennbar von ausschlaggebender Bedeutung sind, müssen ungefragt **offenbart** werden.

⇨ Bei einem **besonderen Vertrauensverhältnis** besteht ebenfalls Aufklärungspflicht.

> *Bsp.:* *A will B ein Auto verkaufen, verschweigt aber, dass es sich um ein Unfallfahrzeug handelt. Hier trifft A eine Aufklärungspflicht, denn ob ein Fahrzeug unfallfrei ist oder nicht, ist für B als Käufer von ausschlaggebender Bedeutung. Verschweigt A dem B diesen wichtigen Umstand, kann B wegen arglistiger Täuschung durch Unterlassen anfechten.*

Angaben „ins Blaue hinein"

Eine arglistige Täuschung liegt auch dann vor, wenn der Täuschende die Unrichtigkeit seiner Angaben zwar nicht kennt, jedoch mit der Unrichtigkeit rechnet und trotzdem Behauptungen „ins Blaue hinein" aufstellt.

(2) Arglistig handelt, wer weiß und will (Vorsatz), dass der Getäuschte eine Willenserklärung abgibt, die er ohne Täuschung nicht abgegeben hätte. *129*

(3) Die Täuschungshandlung muss schließlich **ursächlich** für die Abgabe der Willenserklärung sein. Hätte der Getäuschte die Erklärung auch ohne die Täuschung abgegeben, kann er sich später nicht auf § 123 I BGB berufen. *130*

bb) Arglistige Täuschung durch einen Dritten, § 123 II BGB

Begeht ein Dritter die Täuschung, so ist die Erklärung nur anfechtbar, wenn der Erklärungsempfänger die Täuschung des Dritten kannte oder kennen musste, § 123 II BGB. Letztlich geht es um die Frage, ob sich der Anfechtungsgegner den Dritten zurechnen lassen muss. Der Gesetzgeber hat sich nicht für „nie" oder „immer" entschieden, sondern für „manchmal"! *131*

Verübt also ein anderer als der Erklärungsempfänger die Täuschung, so soll der Empfänger grundsätzlich auf die Erklärung des Getäuschten vertrauen dürfen, schließlich hat er ja nicht getäuscht.

Er ist allerdings dann nicht schutzwürdig, wenn er bösgläubig ist, d.h. er selbst die Täuschung kannte oder hätte kennen müssen, § 123 II BGB.

Dritte = nur am Geschäft Unbeteiligte, die nicht auf Seiten des Erklärungsempfängers stehen!

Dritter im Sinne des § 123 II BGB ist aber nur der am Geschäft Unbeteiligte. Alle **Vertrauenspersonen des Erklärungsempfängers** sind **sog. Nichtdritte**. Diese werden dem Erklärungsempfänger in jedem Fall zugerechnet. Es greift § 123 II BGB nicht ein, da kein Dritter getäuscht hat, es gilt vielmehr § 123 I BGB, also ist eine Anfechtung ohne Einschränkung möglich.

Klausurtipp ✑

Vertiefung

hemmer-Methode: Ein Problem mehr: Nicht der Geschäfts-partner, sondern eine dritte Person, z.B. sein Vertreter, täuscht. Dann muss im Rahmen des § 123 II BGB die Prob-lematik des sog. „Nichtdritten" bekannt sein. Der „Dritte" ist ein typisches Klausurproblem! In diesem Zusammenhang geht es dabei um die Frage der Zurechnung.

Arbeiten Sie zu der arglistigen Täuschung und der Proble-matik des Dritten die Fälle 53 und 54 in „Die 76 wichtigsten Fälle BGB AT" durch.

cc) Widerrechtliche Drohung, § 123 I Alt. 2 BGB

Genauso wie bei arglistiger Täuschung soll auch die Anfech-tungsmöglichkeit wegen widerrechtlicher Drohung die **rechtsgeschäftliche Entschließungsfreiheit gewährleis-ten**.

132

> **Bsp.:** *A sagt zu B: „Wenn Du mir nicht Dein Mountainbike schenkst, sage ich bei der Polizei aus, dass Du gestern betrunken einen Radfahrer angefahren und Fahrerflucht begangen hast", was tatsächlich stimmt. Daraufhin schenkt B dem A das Fahrrad und übereignet es ihm. Kann B diesen Schenkungsvertrag anfechten?*

(1) Unter **Drohung** versteht man das In-Aussicht-Stellen ei-nes künftigen Übels, auf dessen Eintritt der Drohende Ein-fluss zu haben vorgibt. Als Übel genügt dabei jeder Nachteil.

133

(2) Widerrechtlich ist die Drohung, wenn der Zweck (= der erstrebte Erfolg) oder das Mittel (= Handlung mit der gedroht wird) oder die Zweck-Mittel-Relation verboten oder sittenwid-rig sind.

134

> *Im Beispielsfall ist zwischen A und B ein Schenkungsver-trag zustande gekommen, § 516 BGB. Ein etwaiger Formmangel ist durch das Bewirken der Leistung geheilt, § 518 II BGB, da laut Sachverhalt auch eine Übereignung stattgefunden hat.*

> *Möglicherweise kann B diesen Vertrag aber wegen wider-rechtlicher Drohung gem. § 123 I Alt. 2 BGB anfechten. A droht dem B mit einer Anzeige und stellt somit ein künfti-ges Übel für B in Aussicht, auf das er auch Einfluss hat.*

> *Fraglich ist jedoch, ob diese Drohung auch widerrechtlich ist. Der Zweck des A, sich von B ein Mountainbike schenken zulassen, ist nicht widerrechtlich.*

Ebenso kann man das Mittel, also das In-Aussicht-Stellen einer Anzeige bei der Polizei bei Richtigkeit der Aussage nicht als verboten oder sittenwidrig bezeichnen. Dennoch ist die Drohung vorliegend widerrechtlich, weil die Ausnutzung der Kenntnis von einer fremden Straftat für eigene Vorteile rechtlich zu missbilligen ist (Widerrechtlichkeit der Zweck-Mittel-Relation).

(3) Die Drohung muss für die Abgabe der Willenserklärung ursächlich sein (**Kausalität**).

135

Die Drohung des A mit der Anzeige bei der Polizei hat B erst dazu bewogen, dem A sein Fahrrad zu schenken. Damit war die widerrechtliche Drohung kausal für die von B abgegebene Willenserklärung.

Anders aber in folgendem Fall: A droht nach einem Verkehrsunfall, die Polizei zur Unfallaufnahme zu rufen, falls B kein „Schuldanerkenntnis" unterschreibe. B unterschreibt auf einem Zettel „er sei schuld". Später sieht er das anders und will seine Erklärung anfechten. Hier fehlt es an der Widerrechtlichkeit der Drohung, da A die Polizei zur Klärung des Unfallhergangs hätte rufen dürfen.

(4) Schließlich sieht § 123 I Alt. 2 BGB vor, dass der Erklärende zur Abgabe der Willenserklärung bestimmt worden sein muss. Daraus folgt, dass der Drohende den **Willen** haben muss, **den Bedrohten** zu einer Willenserklärung **zu bestimmen**.

136

Da A im Ausgangsfall auch den Willen hatte, B mit der Drohung zum Abschluss des Kaufvertrages zu bewegen, steht B das Anfechtungsrecht aus § 123 I Alt. 2 BGB wegen widerrechtlicher Drohung zu.

(5) Im Gegensatz zur Anfechtung wegen arglistiger Täuschung ist es für die Anfechtung wegen widerrechtlicher Drohung gleichgültig, ob der Erklärungsempfänger oder ein Dritter täuscht. Die Einschränkung des § 123 II BGB gilt nach ihrem Wortlaut nur für die arglistige Täuschung. Das bedeutet, der Erklärende kann immer anfechten, unabhängig davon, wer ihm gedroht hat.

2. Anfechtungserklärung, § 143 BGB

Die Anfechtungserklärung hat gem. § 143 I BGB gegenüber dem Anfechtungsgegner zu erfolgen. Dieser Anfechtungsgegner ist bei Verträgen der Vertragspartner, § 143 II BGB.

137

Die Anfechtungserklärung ist eine formfreie und empfangsbedürftige Willenserklärung und damit grundsätzlich selbst anfechtbar. Das Wort „anfechten" muss nicht fallen. Hierbei handelt es sich nur um die juristische Idealsprache. Es muss der Anfechtungsgrund aber zumindest laienhaft mitgeteilt werden.

Daher genügt es, wenn der Erklärungsempfänger aus der Erklärung entnehmen kann (§§ 133, 157 BGB), dass der Erklärende **wegen eines Willensmangels seine Erklärung von Anfang an beseitigen möchte**.

3. Anfechtungsfrist, §§ 121, 124 BGB

Bei der Frist, innerhalb der die Anfechtung zu erklären ist, ist nach Anfechtungsgründen zu unterscheiden: **138**

§ 121 BGB

a) Für die Anfechtungsgründe der §§ 119, 120 BGB gilt § 121 BGB. Danach muss die Anfechtung **unverzüglich**, d.h. ohne schuldhaftes Zögern erfolgen, § 121 I S. 1 BGB. Die Frist beginnt erst, wenn der Anfechtungsberechtigte zuverlässige **Kenntnis** vom Anfechtungsgrund erlangt hat.

§ 124 BGB

b) Für die Anfechtungsgründe des § 123 BGB gilt die Jahresfrist des §124 BGB.

Diese Frist beginnt erst mit dem Zeitpunkt, in welchem der Anfechtungsberechtigte die Täuschung **entdeckt** bzw. in welchem die Zwangslage aufhört. Der Grund dafür, dass die Frist hier länger bemessen ist, liegt darin, dass der Anfechtungsgegner in den Fällen des § 123 BGB i.d.R. weniger schutzwürdig ist.

§ 144 BGB

c) Zu beachten ist schließlich, dass die Anfechtung bereits vor Ablauf der Anfechtungsfrist ausgeschlossen sein kann, wenn das anfechtbare Rechtsgeschäft von dem Berechtigten bestätigt wird, § 144 BGB.

II. Rechtsfolgen der Anfechtung

1. Nichtigkeit ex tunc

ex tunc-Wirkung

Wird ein anfechtbares Rechtsgeschäft wirksam angefochten, so ist es als **von Anfang an nichtig** anzusehen, § 142 I BGB.   **139**

2. Nichtigkeit des Verpflichtungs- und/oder Verfügungsgeschäfts

getrennte Prüfung der Anfechtbarkeit

Wurde der schuldrechtliche Vertrag angefochten und hat eine der Parteien bereits den Vertrag erfüllt, so bleibt diese Verfügung wirksam (**Abstraktionsprinzip!**). Das Geleistete kann aber wegen der Nichtigkeit des Verpflichtungsgeschäfts gem. §§ 812 ff. BGB zurückgefordert werden.

140

Anfechtbar sind aber nicht nur Verpflichtungsgeschäfte, sondern auch Verfügungsgeschäfte.

141

Daher müssen Sie sich immer fragen, ob der Anfechtungsberechtigte eventuell sogar beide Verträge anfechten will. Dies ist bei laienhafter Erklärung regelmäßig durch Auslegung (§§ 133, 157 BGB) zu ermitteln.

Klausurtipp ✍

hemmer-Methode: Eine Anspruchsgrundlage mehr! Erklärt der Verkäufer z.B., er fechte den Kaufvertrag an und verlange den Kaufgegenstand zurück, dann ist dies i.d.R. auch als Anfechtung der dinglichen Einigung im Rahmen der Übereignung auszulegen. Nur dann steht ihm auch der „starke" Anspruch des § 985 BGB auf Herausgabe zu (neben § 812 I S. 1 Alt. 1 BGB). Denken Sie immer daran, dass der Laie das Abstraktionsprinzip nicht kennt, aber das bestmögliche Ergebnis erreichen will!

Kommen Sie bei der Auslegung der Erklärung dazu, dass er sich tatsächlich von beiden Verträgen lösen will, müssen Sie genau prüfen, ob auch bezüglich des Verfügungsgeschäftes ein Anfechtungsgrund vorliegt. Entscheidend ist also, ob auch für dieses Rechtsgeschäft ein beachtlicher Irrtum, eine Täuschung oder eine Drohung vorliegt. Leiden beide Rechtsgeschäfte dann am gleichen Mangel, spricht man von **Fehleridentität.**

hemmer-Methode: Häufiger Klausurfehler: Vermeiden Sie in diesem Zusammengang den „tödlichen" Satz: „Weil der Kaufvertrag angefochten wurde, ist auch die Übereignung nichtig (Fehleridentität)" Dies ist doppelt falsch: Erstens liegt ein Verstoß gegen das Abstraktionsprinzip vor und zweitens ist die Übereignung nur nichtig, wenn diesbezüglich sowohl eine Anfechtungserklärung als auch ein Anfechtungsgrund vorliegen.
Bitte arbeiten Sie hierzu noch einmal Fall 52 in „Die 76 wichtigsten Fälle BGB AT" durch.

Vertiefung

3. Schadensersatz nach § 122 BGB

Die Anfechtung nach §§ 119, 120 BGB löst eine Schadens-   *142*
ersatzpflicht aus (§ 122 I BGB). Das Gleiche gilt für eine
Scherzerklärung nach § 118 BGB.

a) Zum Schadensersatz verpflichtet ist derjenige, der die
mangelhafte Erklärung abgegeben hat und sie anficht.

b) Schadensersatzberechtigter ist bei einer empfangsbedürftigen Willenserklärung der Erklärungsempfänger, bei einer
nicht empfangsbedürftigen jeder betroffene Dritte.

Geschützt wird aber nur derjenige, der auf die Gültigkeit der
Erklärung vertrauen durfte. Deshalb hat derjenige, der den
Grund der Anfechtbarkeit oder Nichtigkeit kannte oder infol-
ge von Fahrlässigkeit nicht kannte, keinen Anspruch auf
Schadensersatz, § 122 II BGB.

hemmer-Methode: Enthält das Gesetz Stichwörter in   *143*
Klammern, so handelt es sich um *Legaldefinitionen*. Das
Gesetz definiert hier seine Tatbestandsmerkmale selbst. So
bedeutet „unverzüglich" in § 121 I S. 1 BGB „ohne schuldhaftes Zögern" oder „kennen müssen" in § 122 II BGB „Unkenntnis infolge Fahrlässigkeit". Achten Sie auf solche Details. Das ermöglicht Ihnen, das Gesetz leichter zu verstehen. Schließlich müssen Sie als Jurist ein Leben lang mit
dem Gesetz arbeiten.

Im Rahmen des § 122 BGB wird nur der **Vertrauensscha-**   *144*
den (negatives Interesse) ersetzt. Das ist der Schaden, der
dem Berechtigten entsteht, weil er auf die Willenserklärung
vertraut hat. Dabei ist dieser Vertrauensschaden auf die Höhe des Erfüllungsschadens (= der Schaden, den jemand erleidet, weil der andere nicht erfüllt hat) begrenzt.

hemmer-Methode: Beachten Sie, dass es nach einer Anfechtung gem. § 123 BGB keine Schadensersatzansprüche
gibt! Argument: „Das wäre ja noch schöner!"

Abschließende Übersicht:

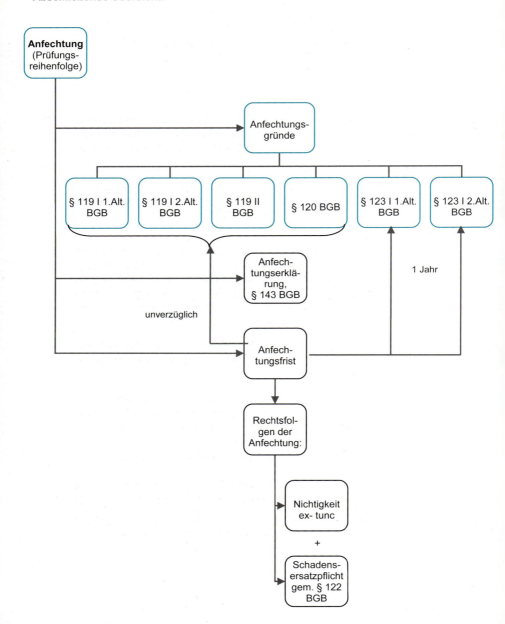

§ 9 Stellvertretung

Mit der Prüfung der Stellvertretung befinden wir uns bei dem Prüfungspunkt „Anspruch entstanden" (s. Rn. 18).

A. Bedeutung der Stellvertretung

Die Figur der Stellvertretung ist für eine gut funktionierende Wirtschaft unerlässlich, denn es besteht oft ein Bedürfnis dafür, dass jemand für einen anderen rechtsgeschäftlich handelt.   *145*

> *Bsp.:* Der Inhaber eines großen Warenhauses ist nicht in der Lage, alle Kunden selbst zu bedienen. Daher müssen Angestellte für ihn tätig werden.

Die §§ 164 ff. BGB regeln die Voraussetzungen dafür, wann eine Person für eine andere rechtsgeschäftlich handeln kann. Dabei ist zu beachten, dass man von Stellvertretung **nur bei Willenserklärungen,** nicht hingegen bei *Realakten* (*z.B. Übergabe im Rahmen der Übereignung nach § 929 S. 1 BGB*) spricht, vgl. Sie den Wortlaut des § 164 I BGB („Willenserklärung").

Auf geschäftsähnliche Handlungen (wie z.B. Mahnung oder Fristsetzung) werden die §§ 164 ff. BGB analog angewendet.

Dabei liegt ein rechtsgeschäftliches Handeln für einen anderen nicht nur dann vor, wenn der Vertreter eine Willenserklärung abgibt (= **aktive Stellvertretung**, § 164 I BGB), sondern auch dann, wenn er die Willenserklärung eines Dritten empfängt (= **passive Stellvertretung**, § 164 III BGB).

hemmer-Methode: Wiederum gilt: Die Einschaltung eines Dritten bringt zusätzliche Problemfelder in die Klausur und kommt dementsprechend häufig vor. Das Stellvertretungsrecht ist damit eines der wichtigsten Rechtsgebiete für den Studenten. Hier sollten Sie nicht „auf Lücke" setzen!

B. Voraussetzungen der Stellvertretung

VSS gem. § 164 I BGB

Eine wirksame Stellvertretung gem. § 164 I BGB liegt vor, wenn: **146**

> ⇨ sie **zulässig** ist,
>
> ⇨ der Vertreter eine eigene Willenserklärung
>
> ⇨ in **fremdem Namen** abgegeben hat und er die dazu erforderliche **Vertretungsmacht** hatte.

Vertiefung

Lesen Sie zu den Voraussetzungen der Stellvertretung als Einstieg den Fall 59 in „Die 76 wichtigsten Fälle BGB AT".

I. Zulässigkeit

Die Stellvertretung ist grundsätzlich bei jeder Willenserklärung zulässig. Nur bei sog. **höchstpersönlichen Rechtsgeschäften** ist eine Stellvertretung ausgeschlossen. **147**

> *Bsp.: A kann nicht für B dessen Ehe schließen, § 1311 S. 1 BGB oder für ihn ein Testament errichten, § 2064 BGB.*

II. Eigene Willenserklärung

1. Der Vertreter ist der rechtsgeschäftlich Handelnde. Er gibt eine *eigene* Willenserklärung ab. **148**

Abgrenzung Stellvertretung - Botenschaft

In diesem Zusammenhang ist die Abgrenzung zur Botenschaft wichtig. Während der Stellvertreter eine eigene Willenserklärung abgibt, übermittelt der Bote nur eine fremde. Für ihn gelten die §§ 164 ff. BGB nicht.

> *Bsp.: So sagt der Vertreter „**Ich** kaufe das Buch **für A**". Der Bote hingegen sagt: „**A lässt ausrichten**, dass er das Buch kaufen möchte".*

Ob es sich bei der handelnden Person um einen Stellvertreter oder einen Boten handelt, ist allein nach dem *äußeren Auftreten* zu beurteilen. Entscheidend ist, wie ein **objektiver Erklärungsempfänger** das Auftreten der Hilfsperson deuten würde.

2. Besonders bedeutsam ist die Unterscheidung von Stellvertretung und Botenschaft in folgenden Fällen:

a) Wenn ein Rechtsgeschäft der Form bedarf, muss bei der **149** Stellvertretung die Willenserklärung des Vertreters, bei der Botenschaft die Erklärung des Geschäftsherrn diese Form aufweisen.

b) Die Abgrenzung zwischen Stellvertretung und Boten- **150** schaft ist zudem bei Geschäfts*un*fähigkeit des Handelnden wichtig.

Da bei der Stellvertretung der Vertreter selbst eine Willens- erklärung abgibt, darf er nicht geschäfts*un*fähig sein. Es ist aber nicht erforderlich, dass er voll geschäftsfähig ist.

Es genügt die beschränkte Geschäftsfähigkeit (Argument: § 165 BGB). Bei der Stellvertretung treffen die Rechtsfolgen nicht den Vertreter persönlich, sondern den Vertretenen. Es handelt sich daher um ein neutrales Rechtsgeschäft, das zu- lässig ist.

Der Bote hingegen gibt keine eigene Willenserklärung ab. Daher muss er – anders als der Vertreter, § 165 BGB – nicht (beschränkt) geschäftsfähig sein.

Merken Sie sich zu diesem Problem den Satz: „Und ist das Kindlein noch so klein, so kann es doch schon Bote sein".

c) Schließlich werden Fehler bei der Übermittlung und bei **151** Abgabe der Willenserklärung unterschiedlich behandelt.

Übermittelt der Bote eine fremde Willenserklärung unbe- wusst falsch, kann der Geschäftsherr sie gem. § 120 BGB anfechten (Rn. 121).

Da der Vertreter eine eigene Willenserklärung abgibt, kommt es auch nur darauf an, ob er und nicht der Vertretene sich in einem zur Anfechtung berechtigenden Irrtum befand, § 166 I BGB. War das der Fall, wird der Irrtum des Vertreters dem Vertretenen gem. § 166 I BGB zugerechnet, so dass der Vertretene anfechten kann.

hemmer-Methode: Machen Sie sich die Bedeutung des *§ 166 I BGB* klar. Mit dieser Norm werden dem Vertretenen die *Kenntnis bestimmter Umstände oder Willensmängel* des Vertreters zugerechnet. *§ 164 BGB* hingegen rechnet die *Willenserklärung* des Vertreters dem Vertretenen zu.
Lesen Sie dazu Fall 64 in „Die wichtigsten 76 Fälle BGB AT".
Dieser behandelt nicht nur § 166 I BGB, sondern widmet sich auch der interessanten Frage, in welchen Fällen die Ausnahme des § 166 II BGB zur Anwendung gelangt.

Vertiefung

III. Handeln in fremdem Namen

1. Offenkundigkeitsprinzip

grds. muss der Name des Vertretenen offenbart werden

Nach § 164 I S. 1 BGB muss der Vertreter *„im Namen des Vertretenen"* handeln. Dies kann ausdrücklich geschehen oder sich aus den Umständen ergeben, § 164 I S. 2 BGB (**Offenkundigkeitsprinzip**).

152

a) Grundsätzliches

Grund dafür, dass der Name des Vertretenen offenbart werden muss, ist, dass der Geschäftspartner ein Interesse daran hat, zu wissen, wer sein Vertragspartner ist. Er ist schutzwürdig.

> *Bsp.: Der wohlhabende A geht zur Bank B und will dort für den mittellosen C ein Darlehen aufnehmen. Hier hat die Bank ein großes Interesse daran zu wissen, wer ihr Vertragspartner werden soll: A, der kreditwürdig ist oder C, der es nicht ist.*

Will der Vertreter zwar im Namen eines anderen handeln, erklärt aber, dass er für sich handelt und war dem Dritten die Stellvertretung auch sonst nicht erkennbar, so handelt es sich mangels Offenkundigkeit um ein Eigengeschäft des Vertreters.

Zwar liegt dann ein Erklärungsirrtum i.S.v. § 119 I Alt. 2 BGB vor, da er ja für sich nichts erklären wollte, eine Anfechtung ist jedoch ausgeschlossen, vgl. § 164 II S. 1 BGB.

hemmer-Methode: Die Grundaussage des § 164 II BGB ist: „Im Zweifel Eigengeschäft". Dies ergibt sich aber schon aus § 164 I BGB. § 164 II BGB ist insoweit überflüssig. Die wesentliche Aussage ist aber, dass die Anfechtung ausgeschlossen ist. Es handelt es sich letztlich um einen unbeachtlichen Rechtsfolgeirrtum (Rn. 123).
Arbeiten Sie hierzu Fall 60 in „Die 76 wichtigsten Fälle BGB AT" durch. Dieser zeigt Ihnen die Relevanz der Offenkundigkeit am Fall. Zur Vertiefung können Sie auch Fall 61 lesen. Dieser behandelt den umgekehrten Fall und deckt die Frage auf, ob § 164 II BGB auch anwendbar ist, wenn der Handelnde sich selbst verpflichten will, irrtümlich aber im Namen eines anderen handelt.

b) Unternehmensbezogene Geschäfte

Einen Sonderfall des Offenkundigkeitsprinzips stellen die *153*
sog. unternehmensbezogenen Geschäfte dar. Hier ergibt
sich das Handeln im fremden Namen aus den Umständen,
§ 164 I S. 2 BGB.

> *Bsp.: Geht man in ein Kaufhaus, so trifft man nicht auf*
> *den Inhaber des Geschäfts, sondern nur auf dessen An-*
> *gestellte. Hier müssen die Angestellten selbstverständlich*
> *nicht bei jedem Kunden ausdrücklich (!) offen legen, dass*
> *sie für ihren Chef tätig werden.*

> *Verpflichtet wird immer der Geschäftsinhaber, also der*
> *dahinter stehende Rechtsträger. Das ergibt sich i.d.R. be-*
> *reits aus den Umständen, § 164 I S. 2 BGB. Dies ist*
> *selbst dann der Fall, wenn der Kunde sein Gegenüber irr-*
> *tümlich für den Geschäftsinhaber hält.*

Ausnahmen

2. Ausnahmen vom Offenkundigkeitsprinzip

a) Geschäft für den, den es angeht

Eine Ausnahme vom Offenkundigkeitsprinzip stellt das „Ge- *154*
schäft für den, den es angeht" dar.

Dabei sind zwei Fallgruppen zu unterscheiden:

aa) Der Handelnde tritt im Namen eines anderen auf, ohne *155*
dessen Namen zu nennen (**offenes Geschäft für den, den
es angeht**).

> *Bsp.: A nimmt bei B ein Darlehen auf und erklärt, er*
> *schließe den Darlehensvertrag für einen anderen (dessen*
> *Namen er nicht nennen will) und nicht für sich ab.*

Hier ist keine Ausnahme vom Offenkundigkeitsprinzip gegeben, denn der Handelnde macht dem Partner deutlich, dass
er für einen anderen tätig wird.

> *Gewährt B tatsächlich das Darlehen, ist sie nicht schutz-*
> *würdig. Sie braucht sich ja nicht auf das Geschäft einzu-*
> *lassen, wenn sie noch nicht weiß, wer ihr Vertragspartner*
> *sein soll.*

bb) Eine Ausnahme vom Offenkundigkeitsprinzip liegt nur 156
dann vor, wenn der Handelnde dem Dritten nicht klarmacht,
dass er für einen anderen tätig wird und es sich um ein **Bar-
geschäft des täglichen Lebens** handelt, **das sofort abge-
wickelt** wird (**verdecktes Geschäft für den, den es angeht**). Hier hat der Dritte überhaupt kein Interesse daran zu
wissen, wer sein Vertragspartner ist.

> *Bsp.: A schickt C, um für ihn Brötchen beim Bäcker B zu
> holen. C kauft die Brötchen für A, ohne B gegenüber er-
> klärt zu haben, dass diese für A sind.*
>
> *Da B sofort sein Geld für die Brötchen bekommen hat, in-
> teressiert es ihn nicht, wer sein Geschäftspartner ist. Ob-
> wohl C nicht offenbart hat, dass er für A handelt, liegt ei-
> ne wirksame Stellvertretung vor.*

hemmer-Methode: Hier handelt es sich um eine teleologische Reduktion des § 164 I BGB (griechisch „telos": Sinn
und Zweck), d.h. der Anwendungsbereich dieser Norm wird
reduziert, soweit seine Intention (Schutz des Geschäftspartners) nicht berührt wird.

Vertiefung   Lesen Sie zum „Geschäft für den, den es angeht" Fall 62 in
„Die 76 wichtigsten Fälle BGB AT".

b) § 1357 BGB

hemmer-Methode: Erschrecken Sie als Anfänger nicht vor 157
einer Vorschrift aus dem Familienrecht, nur weil dieses
Rechtsgebiet in den ersten Semestern nicht auf Ihrem Stun-
denplan steht. Lernen Sie die Probleme im richtigen Kontext.
Denn Ziel des Jura-Studiums ist nicht, jeden Bereich für sich
zu kennen, sondern vor allem die Zusammenhänge zu verstehen. Mit dem richtigen Lernmaterial wird Ihnen das schon
sehr bald gelingen.

Schließt ein Ehegatte Rechtsgeschäfte zur angemessenen
Deckung des Lebensbedarfs, so wirken diese gem. § 1357 I
S. 2 BGB auch für und gegen den anderen Ehegatten, und
zwar unabhängig davon, ob es dem Geschäftspartner bekannt ist, dass er mit einem Verheirateten kontrahiert. Der
handelnde Ehegatte muss nicht offen legen, dass er (auch)
für den anderen Ehegatten handelt.

Grund: Der Dritte ist nicht schutzwürdig. Er hat kein Interesse daran zu wissen, für wen der Handelnde tätig wird, nur für
sich selbst oder auch für einen anderen. Ist der Handelnde
nicht verheiratet, so ist nur er Schuldner.

Ist der Handelnde dagegen verheiratet, bekommt der Dritte nach § 1357 BGB zwei Schuldner, und das ist für ihn als Gläubiger ein „Geschenk des Himmels".

Bsp.: M ist mit F verheiratet. F kauft im Geschäft des A Lebensmittel. Hat A auch gegen den M einen Anspruch aus § 433 II BGB?

Formulierungsbeispiel

A könnte gegen M einen Anspruch auf Kaufpreiszahlung aus § 433 II BGB haben, wenn zwischen den beiden ein wirksamer Kaufvertrag zustande gekommen ist.

A und M haben aber keinen Kaufvertrag geschlossen. Jedoch hat F einen Vertrag mit A geschlossen. Dieser Vertrag könnte für und gegen M wirken, wenn F als Vertreterin des M gehandelt hat, § 164 I BGB.

F hat eine eigene Willenserklärung abgegeben. Sie hat aber nicht offen gelegt, dass sie die Lebensmittel (auch) für M kaufen wollte. Möglicherweise bedarf es der Offenlegung aber gar nicht, wenn § 1357 I BGB eingreift.

F und M sind verheiratet. Der Kauf der Lebensmittel stellt auch ein Geschäft zur angemessenen Deckung des Lebensbedarfs dar. Da sich schließlich aus den Umständen nichts anderes ergibt, wird auch M aus dem Vertrag verpflichtet, § 1357 I S. 2 BGB. A kann damit auch von M den Kaufpreis gem. § 433 II BGB verlangen.

hemmer-Methode: § 1357 BGB stellt eine Ausnahme vom Offenkundigkeitsprinzip dar. Man spricht bei § 1357 BGB von einer „Rechtsmacht eigener Art" oder einer „gesetzlichen Verpflichtungsermächtigung". Zudem haben die Ehegatten im Anwendungsbereich der Vorschrift füreinander Vertretungsmacht, ohne dass es einer Bevollmächtigung bedarf (Fall der gesetzlichen Vertretungsbefugnis).

Vertiefung

Bitte arbeiten Sie zur Vertiefung dieser Problematik den Fall 69 in „Die 76 wichtigsten Fälle BGB AT" durch.

IV. Vertretungsmacht

Schließlich muss der Vertreter „*innerhalb der ihm zustehenden Vertretungsmacht*" handeln, § 164 I S. 1 BGB.   **158**

aus dem Gesetz

1. Die Vertretungsmacht kann sich aus dem Gesetz ergeben (**gesetzliche Vertretungsmacht**).   **159**

Bsp.: So haben die Eltern nach §§ 1626, 1629 I S. 1 BGB Vertretungsmacht für ihr Kind. Sie sind die gesetzlichen Vertreter ihrer Kinder.

durch Rechtsgeschäft **2.** Die Vertretungsmacht kann aber auch auf Rechtsgeschäft **160** beruhen. Eine solche durch Rechtsgeschäft erteilte Vertretungsmacht nennt man **Vollmacht** (Legaldefinition in § 166 II S. 1 BGB, dazu unten C.).

Rechtsschein **3.** Sofern eine Vollmacht nicht vorliegt, kann sich die Vertretungsbefugnis aus einem Rechtsscheintatbestand ergeben. Zu nennen sind hier die §§ 170 ff. BGB sowie die Duldungs- und die Anscheinsvollmacht.

C. Vollmacht

I. Vollmacht und Grundverhältnis

1. Die Vollmacht betrifft das **Außenverhältnis** zwischen **161** Vollmachtgeber und dem Geschäftspartner. Sie umschreibt das *rechtliche Können* des Bevollmächtigten, den Vertretenen zu verpflichten.

2. Davon ist das Rechtsverhältnis, aufgrund dessen die **162** Vollmacht erteilt wird, zu unterscheiden. Zwischen dem Vollmachtgeber und dem Bevollmächtigten liegt zumeist ein Vertragsverhältnis (**Innenverhältnis**) vor. Es verpflichtet den Bevollmächtigten, für den Vollmachtgeber tätig zu werden. Das Innenverhältnis regelt das *rechtliche Dürfen*.

> ***Bsp.:*** *A beauftragt B, das Gemälde „Die Sonnenblumen" von Van Gogh zu kaufen. Allerdings dürfe B nicht mehr als 30.000,- € dafür ausgeben. B kauft dieses Gemälde für A bei C für 40.000,- €.*
>
> *Einerseits liegt hier ein Auftragsvertrag zwischen A und B vor, § 662 BGB (Innenverhältnis). Dieser Vertrag verpflichtet B, für A das Gemälde bei C zu kaufen.*
>
> *Andererseits hat A dem B eine Vollmacht erteilt, aufgrund derer B berechtigt ist, den Kaufvertrag mit C für A abzuschließen (Außenverhältnis). Das rechtliche Dürfen ist aber auf 30 000 € Kaufpreis begrenzt. Dazu gleich unten.*

Vollmacht ist abstrakt **3.** Die Bevollmächtigung ist von dem ihr zugrunde liegenden **163** Grundverhältnis streng zu trennen. Die Vollmacht ist ein anderes Rechtsgeschäft als das schuldrechtliche Grundgeschäft, das Vertretener und Vertreter vereinbart haben. Sie ist **abstrakt**.

> *Deutlich ist dies an folgendem Beispiel zu sehen: A beauftragt den 14jährigen B, für ihn einen Kaufvertrag abzuschließen.*

Der Auftrag (das Innenverhältnis) ist schwebend unwirksam, da nicht lediglich rechtlich vorteilhaft, §§ 107 ff. BGB. Die Bevollmächtigung (Außenverhältnis) als lediglich rechtlich vorteilhaftes Rechtsgeschäft ist jedoch wirksam, die Vollmacht kann dem Minderjährigen wirksam zugehen, § 131 II S.2 BGB.

falsus procurator

Für das Außenverhältnis gegenüber dem Dritten sind die Vollmacht und ihr Umfang maßgebend. Hat der Vertreter im Namen und mit Vollmacht des Vertretenen gehandelt, so wirkt das Geschäft für und gegen den Vertretenen. Dies gilt auch dann, wenn der Bevollmächtigte im Innenverhältnis gegenüber dem Vollmachtgeber verpflichtet ist, von der ihm erteilten Vollmacht nur in einem bestimmten Umfang Gebrauch zu machen. Überschreitet er seine Befugnisse im Innenverhältnis, missbraucht er seine Vertretungsmacht; überschreitet er seine Befugnisse im Außenverhältnis, handelt er ohne Vertretungsmacht.

Für den Fall bedeutet das folgendes: B konnte das Bild nicht für 40.000,- € kaufen (Außenverhältnis), er hatte nur Vertretungsmacht im Umfang von 30.000,- €.

B hat daher seine Befugnisse im Außenverhältnis überschritten, er hatte nicht die erforderliche Vertretungsmacht, er war Vertreter ohne Vertretungsmacht, sogenannter „falsus procurator".

hemmer-Methode: Beachten Sie an dieser Stelle: Geht es um den *Fortbestand* der Vollmacht, ist eine Abhängigkeit vom Grundverhältnis gegeben: Erlischt das Grundverhältnis, so erlischt auch die Vollmacht, § 168 S. 1 BGB. Die Abstraktheit ist beim Erlöschen durchbrochen!

II. Vollmachtserteilung

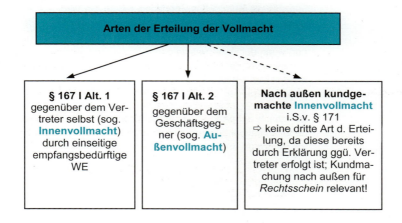

Arten der Erteilung der Vollmacht		
§ 167 I Alt. 1 gegenüber dem Vertreter selbst (sog. **Innenvollmacht**) durch einseitige empfangsbedürftige WE	**§ 167 I Alt. 2** gegenüber dem Geschäftsgegner (sog. **Außenvollmacht**)	**Nach außen kundgemachte Innenvollmacht** i.S.v. § 171 ⇨ keine dritte Art d. Erteilung, da diese bereits durch Erklärung ggü. Vertreter erfolgt ist; Kundmachung nach außen für *Rechtsschein* relevant!

1. Die Vollmacht wird durch eine empfangsbedürftige Willenserklärung erteilt. Der Erklärungsempfänger kann der zu Bevollmächtigende oder der Dritte sein. **164**

§ 167 I Alt. 1 BGB

a) Erklärt der Vollmachtgeber gegenüber dem zu Bevollmächtigenden, dass er ihn bevollmächtige, handelt es sich um eine **Innenvollmacht** gem. § 167 I Alt. 1 BGB. **165**

> *Bsp.: A sagt **zu B**, dieser solle für ihn ein Gemälde bei C kaufen.*

§ 167 I Alt. 2 BGB

b) Erklärt er dagegen gegenüber einem Dritten, dass er eine bestimmte Person hiermit bevollmächtige, handelt es sich um eine sog. **Außenvollmacht** gem. § 167 I Alt. 2 BGB. **166**

> *Bsp.: A ruft C an und teilt ihm mit, dass B hiermit befugt sei, für ihn (A) bei C das Gemälde zu kaufen.*

nach außen kundgemachte Innenvollmacht

c) Die Innenvollmacht kann auch nach außen kundgetan werden. Dann handelt es sich nicht um eine Außenvollmacht, sondern um eine sogenannte **nach außen kundgemachte Innenvollmacht**, § 171 BGB. **167**

> *Bsp.: A sagt zu C, dass er B Vertretungsmacht erteilt habe, für ihn ein Gemälde zu kaufen.*

Rechtsscheintatbestand

Die Kundmachung selbst ist keine Bevollmächtigung, sie ist nur Wissenserklärung! Strittig ist deshalb auch, ob eine Kundmachung anfechtbar ist. Dies wird mit dem Argument bejaht, dass sie letztlich wie eine Außenvollmacht wirkt: Bedeutung hat die kundgemachte Innenvollmacht nämlich dann, wenn die Innenvollmacht tatsächlich nicht oder nicht so wie kundgetan besteht bzw. später wegfällt. Dann bleibt die Vertretungsmacht in dem Umfang wie kundgetan bestehen, bis die Kundgebung genauso widerrufen wird, wie sie erteilt wurde, § 171 II BGB. Genauso also, wie wenn der Vertretene Außenvollmacht erteilt hätte. Etwas anders gilt nur, wenn der Dritte wusste oder hätte wissen müssen, dass die Innenvollmacht nicht (mehr) besteht, § 173 BGB. Es handelt sich bei den §§ 170 ff. BGB also um **Rechtsscheintatbestände**.

Eine nach außen kundgemachte Innenvollmacht liegt auch bei Aushändigung einer Vollmachtsurkunde i.S.v. § 172 BGB vor. Daher gilt auch hier das oben Gesagte.

2. Die Vollmacht kann grundsätzlich **formlos** erklärt werden. Das gilt selbst dann, wenn das Rechtsgeschäft, für das die Vollmacht erteilt wurde, der Form bedarf (z.B. für den Grundstückskauf, § 311b I S. 1 BGB), § 167 II BGB.

168

hemmer-Methode: Ein Problem mehr: Ausnahmsweise kann auch die Erteilung der Vollmacht der Form bedürfen. Das wird insbesondere bei **unwiderruflicher** Vollmachtserteilung angenommen, da der Vertretene dann ab dem Moment der Vollmachtserteilung faktisch bereits gebunden ist. Ansonsten bestünde die Gefahr, dass die Formvorschriften umgangen werden.

Vertiefung

Die Ausnahme der formbedürftigen Vollmacht können Sie im Fall 63 in „Die 76 wichtigsten Fälle BGB AT" nachlesen.

III. Arten der Vollmacht

Es gibt verschiedene Arten einer Vollmacht:

169

Spezialvollmacht

⇨ Wird jemand nur zum Abschluss **eines bestimmten Geschäfts** bevollmächtigt, liegt eine **Spezialvollmacht** vor.

Generalvollmacht

⇨ Ist jemand zu **Rechtshandlungen aller Art** bevollmächtigt, dann handelt es sich um eine sog. **Generalvollmacht**.

Gesamtvertretung

⇨ Schließlich kann die Vollmacht in der Art erteilt werden, dass **nur mehrere Personen zusammen** eine wirksame Stellvertretung vornehmen können, sog. **Gesamtvertretung**.

Ist der Umfang einer Vollmacht zweifelhaft, so ist er durch Auslegung zu ermitteln, §§ 133, 157 BGB. Es kommt wie immer auf den Empfängerhorizont an.

Entsprechend der verschiedenen Arten der Vollmachtserteilung kann es einmal auf den Empfängerhorizont des Bevollmächtigten ankommen (bei der Innenvollmacht) oder auf den Empfängerhorizont des Dritten (bei der Außenvollmacht).

IV. Erlöschen der Vollmacht

Eine Vollmacht kann aus mehreren Gründen erlöschen und damit dem Vertreter das „*rechtliche* Können" der Stellvertretung nehmen:

170

171

i.d.R. mit Beendigung des Grundverhältnisses

⇨ Der Regelfall ist § 168 S. 1 BGB. Danach erlischt die Vollmacht mit der Beendigung des Grundverhältnisses.

Widerruf

⇨ Weiterhin kann die Vollmacht jederzeit widerrufen werden, sofern sich aus dem Grundverhältnis nicht ein anderes ergibt, § 168 S. 2 BGB.

> ***Bsp.:*** *Hat A dem C erklärt, dass B befugt ist, für ihn Geschäfte abzuschließen (Außenvollmacht), so erlischt die Vollmacht auch dann, wenn sie nur im Verhältnis zu B widerrufen wird. Davon zu trennen ist die Frage, ob B nicht gleichwohl wirksam vertreten kann, weil der C auf den Fortbestand der Vollmacht vertraut. Bei Vorliegen der Voraussetzungen der §§ 170, 173 BGB kommt es daher zu einer wirksamen Vertretung aufgrund eines Rechtsscheintatbestandes.*

> **hemmer-Methode:** Dieses Problem kann nur bei der Außenvollmacht und bei der kundgemachten Innenvollmacht auftreten, da der Geschäftspartner in diesen Fällen solange schutzwürdig ist, bis er vom Erlöschen der Vollmacht erfährt, §§ 170, 171 II, 172 II, 173 BGB.

§ 163 BGB

⇨ Wurde die Vollmacht lediglich für einen bestimmten Zeitraum erteilt, dann erlischt sie automatisch, sobald dieser Zeitraum verstrichen ist, § 163 BGB.

Bedingung

⇨ Ferner ist es möglich, den Fortbestand der Vollmacht an den Nichteintritt einer Bedingung zu knüpfen. Tritt die Bedingung ein, dann erlischt die Vollmacht ebenfalls, § 158 II BGB.

mit Abschluss des Geschäfts

⇨ Schließlich erlischt die Spezialvollmacht, wenn das Geschäft abgeschlossen wurde, für das die Vollmacht erteilt wurde.

D. Duldungs- und Anscheinsvollmacht

Es gibt Fälle, in denen eine Vollmacht zwar nicht erteilt wurde, der Dritte aber aufgrund des Erscheinungsbildes annehmen durfte, dass eine Vollmacht erteilt worden ist.

Hier sind zwei Fälle zu unterscheiden:

I. Duldungsvollmacht

Duldungsvollmacht

1. Handelt jemand ohne Vollmacht für einen anderen und **wusste und duldete** der Vertretene dieses Verhalten, liegt **Duldungsvollmacht** vor, wenn der Dritte die fehlende Vertretungsmacht nicht kannte und auch nicht hätte kennen müssen.

*Rechtsscheintatbe-
stand*

2. In diesen Fällen wird der „Vertretene" so behandelt, als habe er tatsächlich eine Vollmacht erteilt. Er haftet nach h.M. für einen von ihm selbst gesetzten **Rechtsscheintatbestand.**

*Abgrenzung:
Duldungsvollmacht –
konkludente Voll-
machtserteilung*

3. Abzugrenzen ist die Duldungsvollmacht von der konkludenten Vollmachtserteilung. Während bei der konkludenten Vollmachtserteilung der Vertretene den Willen zur Bevollmächtigung hat, fehlt dieser bei der Duldungsvollmacht.

II. Anscheinsvollmacht

Anscheinsvollmacht

1. Auch bei der **Anscheinsvollmacht** handelt jemand im fremden Namen, ohne eine Vollmacht zu haben. Im Gegensatz zur Duldungsvollmacht weiß hier der „Vertretene" aber nicht, dass er vertreten wird. Er hätte dies jedoch **bei pflichtgemäßer Sorgfalt erkennen können.** Das setzt i.d.R. eine **gewisse Häufigkeit** der Geschäftsführung durch den - diesmal - vermeintlichen Vertreter voraus. Wiederum muss der Geschäftspartner allerdings gutgläubig sein und von einer tatsächlich bestehenden Vollmacht ausgehen.

172

2. Umstritten sind die Rechtsfolgen der Anscheinsvollmacht.

Nach einer Ansicht in der Literatur soll der „Vertretene" nur zum Schadensersatz aus c.i.c. (§§ 280 I, 311 II, 241 II BGB, vgl. Rn. 11) verpflichtet sein, da ihn lediglich eine fahrlässige Pflichtverletzung im vorvertraglichen Bereich trifft. Deshalb sei eine Begrenzung der Haftung auf das negative Interesse sachgerecht.

> *Bsp.: V schließt mit B einen Kaufvertrag über ein Fahrrad im Wert von 1.000 € zum Kaufpreis von 900 €. Dabei handelte V im Namen des A, ohne allerdings von diesem beauftragt worden zu sein. Obwohl V schon häufiger solche Geschäfte für A mit B getätigt hat und auch diesmal wieder Geschäftspapier des A benutzt, hat A nichts vom Tätigwerden erfahren, weil er zu viel in seinen Betrieb zu tun hatte. B fährt nun zu A (Fahrtkosten: 50,- €), um sich das Fahrrad übergeben zu lassen. Jetzt stellt sich der wahre Sachverhalt heraus.*
>
> *Da A nur eine fahrlässige Organisationspflichtverletzung trifft, muss er nach der oben genannten Ansicht gem. §§ 280 I, 311 II, 241 II BGB lediglich den Vertrauensschaden (vgl. Rn. 144) ersetzen. Hätte B nicht auf die Wirksamkeit des Kaufvertrages vertraut, hätte er die Fahrt zu A nicht unternommen. Sein Vertrauensschaden beträgt also 50,- €.*

Völlig unberücksichtigt bleibt dabei, dass es allein die Nachlässigkeit des A war, die dazu geführt hat, dass B überhaupt einen Vertrag schließen konnte, der nun nicht erfüllt wird. B rechnete dagegen fest damit, dass er für 900 € ein Fahrrad im Wert von 1.000 € von A erwirbt. Billigt man dem B nur das negative Interesse zu, so wird das dem Interesse des B nicht gerecht.

Daher soll die Anscheinsvollmacht nach h.M. in ihrer Wirkung der rechtsgeschäftlichen Vollmacht gleichstehen. Das bedeutet, der „Vertretene" muss den Vertrag mit dem Dritten erfüllen, er haftet auf das Erfüllungsinteresse.

B hat demnach einen Anspruch gegen A auf Übergabe und Übereignung des Fahrrades gem. § 433 I S. 1 BGB.

Vertiefung

hemmer-Methode: Arbeiten Sie hierzu den Fall 66 in „Die 76 wichtigsten Fälle BGB AT" durch.

E. Vertreter ohne Vertretungsmacht

I. Hat ein Vertreter ohne Vertretungsmacht gehandelt, wirkt sein Handeln nicht für und gegen den Vertretenen. Ein Vertreter ohne Vertretungsmacht wird falsus procurator genannt.

173

Bsp.: V kauft im Namen des A bei B ein Buch, ohne von A dazu bevollmächtigt worden zu sein. Hat B gegen A einen Anspruch auf Kaufpreiszahlung?

B hat gegen A einen Anspruch aus § 433 II BGB, wenn zwischen den beiden ein wirksamer Kaufvertrag zustande gekommen ist. Da V jedoch ohne Vertretungsmacht gehandelt hat, ihm also das rechtliche „Können" fehlte, konnte er den A gegenüber B gar nicht verpflichten. Daher hat B keinen Anspruch gegen A aus § 433 II BGB.

Es stellt sich nun aber die Frage, wie der zwischen dem Vertreter ohne Vertretungsmacht und dem Dritten geschlossene Vertrag zu behandeln ist.

⇨ *Vertrag schwebend unwirksam*

Der Vertretene kann ein Interesse daran haben, das vom Vertreter ohne Vertretungsmacht abgeschlossene Geschäft „an sich zu ziehen", wenn er es etwa für günstig hält. Dies geschieht durch Genehmigung nach §§ 177 I, 184 BGB. Dabei kann die Genehmigung gegenüber dem Vertreter oder gegenüber dem Dritten erklärt werden, § 182 I BGB. Bis zur Genehmigung bleibt der Vertrag **schwebend unwirksam**, § 177 I BGB. Verweigert der Vertretene die Genehmigung, dann ist der Vertrag endgültig unwirksam.

hemmer-Methode: Beachten Sie bitte: Vertretung ohne Vertretungsmacht führt nur bei Verträgen zur schwebenden Unwirksamkeit, bei einseitigen Rechtsgeschäften dagegen ist eine Vertretung ohne Vertretungsmacht unzulässig (§ 180 BGB). Ein solches Rechtsgeschäft kann nicht genehmigt werden.

Damit soll dem Dritten der Schwebezustand und damit die unklare Rechtslage (er wird sich z.B. fragen „was ist jetzt, gilt nun die Kündigung oder nicht, muss ich mir eine neue Wohnung suchen oder nicht?") erspart werden. Nur wenn der Dritte damit einverstanden ist, dass der Vertreter ohne Vertretungsmacht handelt und so die unklare Rechtslage in Kauf nimmt, kann ausnahmsweise auch ein einseitiges Rechtsgeschäft vom Vertretenen genehmigt werden, vgl. § 180 S. 2 BGB.

II. Ist der Vertrag unwirksam und hat der Dritte auf die Gültigkeit des Geschäfts vertraut, so ist er schutzwürdig. Der Vertreter dagegen ist nicht schutzwürdig. Er hat ja bei dem Dritten den Eindruck erweckt, es komme ein Geschäft mit dem Vertretenen zustande. Daher muss der Dritte Rechte gegen den Vertreter haben.

174

§ 179 I BGB gewährt ihm wahlweise einen Anspruch auf **Erfüllung** oder **Schadensersatz wegen Nichterfüllung**. Der Vertreter wird also *tatsächlich* wie ein Vertragspartner behandelt. *Rechtlich* ist er dies jedoch nicht, denn der Vertrag ist ja durch die Genehmigungsverweigerung endgültig unwirksam geworden.

Vertiefung

Arbeiten Sie hierzu den Fall 67 in „Die 76 wichtigsten Fälle BGB AT" durch.

III. Kannte der Vertreter den Mangel der Vertretungsmacht nicht, ging er also z.B. davon aus, dass er vom Vertretenen beauftragt wurde, ein Geschäft auszuführen, ist er nur zum Ersatz des **Vertrauensschadens** verpflichtet, § 179 II BGB.

175

Dagegen haftet der Vertreter gar nicht, wenn der Dritte den Mangel der Vertretungsmacht kannte oder hätte kennen müssen, § 179 III S. 1 BGB.

hemmer-Methode: Beachten Sie in diesem Zusammenhang besonders § 179 III S. 2 BGB: Der Minderjährige kann zwar Vertreter sein, § 165 BGB, von einer etwaigen Haftung ist er aber freigestellt.

Vertiefung

F. Begrenzung der Vertretungsmacht

I. Missbrauch der Vertretungsmacht

176

Erteilt der Vertretene Vertretungsmacht und möchte gleichwohl im Innenverhältnis bestimmte Rechtsgeschäfte nicht,
ohne aber die Vollmacht zu beschränken (sonst ist der
Vertreter schon falsus procurator!), trägt er das Risiko, dass
sich der Vertreter nicht an diese Beschränkung hält. Nimmt
dieser mit Vertretungsmacht Geschäfte vor, die nicht vom
Innenverhältnis zum Vertretenen gedeckt sind, spricht man
vom Missbrauch der Vertretungsmacht.

Das hat zur Folge: Missbraucht der Vertreter seine Vertretungsmacht, so wirkt das von ihm abgeschlossene Rechtsgeschäft trotzdem für und gegen den Vertretenen. Schließlich hat dieser den Vertreter eingesetzt, also muss er auch
die damit verbundenen Risiken tragen. Außerdem ist der
Dritte schutzwürdig, er kennt die internen Beschränkungen
der Vollmacht nicht.

Etwas anderes gilt nur dann, wenn der **Dritte nicht schutzwürdig** ist.

Das ist in zwei Konstellationen der Fall:

1. Kollusion

*Kollusion ⇨ § 138
BGB*

Wenn der Vertreter und der Dritte **einverständlich** zusammenwirken, um den Vertretenen zu schädigen, dann ist der
Dritte nicht schutzwürdig. Das von dem Vertreter abgeschlossene Rechtsgeschäft wirkt nicht für und gegen den
Vertretenen. Vielmehr ist es nach § 138 BGB nichtig. Es
handelt sich um einen Fall der **Kollusion**.

177

2. Evidenz

Evidenz ⇨ §§ 177 ff.
BGB analog

Überschreitet der Vertreter seine Vertretungsmacht und hät-   **178**
te der Geschäftspartner dies erkennen müssen (war ihm also die Überschreitung der Vertretungsmacht evident), dann
gelten nach Ansicht der Literatur die §§ 177 ff. BGB analog
(analog, weil tatsächlich ja Vertretungsmacht besteht).

Der Vertretene wird also nicht gebunden, er kann aber das
Geschäft durch Genehmigung an sich ziehen.

Der BGH geht demgegenüber von der Wirksamkeit des Vertrages aus. Dem Vertretenen wird allerdings zugebilligt, sich
auf § 242 BGB zu berufen, wenn der Vertragspartner Rechte
aus dem Vertrag herleiten möchte.

Rechtsfolge: Geschäftsherr wird wirksam verpflichtet, da Risiko des Missbrauchs grundsätzlich der Vertretene trägt (Beschränkung aus Innenverhältnis irrelevant für Außenverhältnis)

Ausnahmen: (⇨ Abstraktheit durchbrochen)

Evidenz	Kollusion
Geschäftspartner hätte zumindest erkennen müssen, dass Vertreter sein rechtl. Dürfen aus dem Innenverhältnis überschreitet	Bei *bewusstem Zusammenwirken* von Vertreter und Geschäftsgegner zum Nachteil des Vertretenen wird dieser trotz Vertretungsmacht nicht gebunden, § 138 I

Rspr.: Einrede, § 242 gegen Inanspruchnahme aus Vertrag	**Lit.:** § 177 I analog flexibler, da Genehmigungsmöglichkeit

Vertiefung

Lesen Sie zu Kollusion und Evidenz den Fall 65 in „Die 76
wichtigsten Fälle BGB AT". Sehr lehrreich auch **BGH,
Life&Law 2006, 657 ff.**

II. Insichgeschäft

1. Allgemeines

Insichgeschäft

Das Insichgeschäft ist ein Rechtsgeschäft, bei dem eine   **179**
Person auf beiden Seiten des Vertrages agiert.

Es ist in § 181 BGB geregelt. § 181 BGB unterscheidet zwei Arten von Insichgeschäften:

a) Beim **Selbstkontrahieren** nimmt der Vertreter im Namen des Vertretenen mit sich selbst im eigenen Namen ein Rechtsgeschäft vor.

180

> **Bsp.:** *Der Vertreter des A schließt in dessen Namen mit sich selbst einen Vertrag, wonach sein Monatsgehalt um 1.000,- € erhöht wird.*

b) Bei der **Mehrvertretung** nimmt ein Vertreter im Namen des Vertretenen und als Vertreter eines Dritten ein Rechtsgeschäft vor.

181

> **Bsp.:** *V ist von A bevollmächtigt worden, für diesen ein Grundstück zu verkaufen. Von B ist V bevollmächtigt, ein Grundstück für diesen zu kaufen. Daher wird ein Kaufvertrag zwischen A und B abgeschlossen, wobei V beide Seiten vertritt.*

Beschränkung der Vertretungsmacht zur Vermeidung von Interessenkollisionen:

Mehrfachvertretung	**Selbstkontrahieren**
Beide Parteien werden von ein und demselben Vertreter vertreten	Geschäft des Vertreters mit sich selbst

§ 181 analog bei Zwischenschaltung eines Untervertreters, um Rechtsfolge des § 181 zu entgehen

Rechtsfolge: abgeschlossenes Rechtsgeschäft **analog § 177 I** nur *schwebend* unwirksam ⇨ Genehmigungsmöglichkeit für Geschäftsherrn

---

2. Voraussetzungen

a) § 181 BGB gilt nicht nur für den rechtsgeschäftlichen, sondern auch für den gesetzlichen Vertreter, vgl. §§ 1795 II, 1629 II BGB.

182

b) Weiterhin gilt § 181 BGB für alle sowohl für schuldrechtliche, als auch für dingliche Rechtsgeschäfte. Bei letzteren ist aber auf die Ausnahme „in Erfüllung einer Verbindlichkeit" zu denken.

c) Schließlich muss der Vertreter auf beiden Seiten des Rechtsgeschäfts auftreten, entweder in Form des Selbstkontrahierens oder in Form der Mehrvertretung.

3. Rechtsfolgen

Genehmigung möglich

a) Nimmt ein Vertreter ein Insichgeschäft vor, so überschreitet er seine Vertretungsmacht. Trotz des Wortlauts des § 181 BGB *„kann nicht vorgenommen werden"*, was auf die Unwirksamkeit des Rechtsgeschäfts deutet, ist das Rechtsgeschäft nicht nichtig. Vielmehr soll auch hier dem Vertretenen die Möglichkeit offen stehen, das Rechtsgeschäft mit Hilfe der Genehmigung an sich zu ziehen. Bis zur Genehmigung ist das Rechtsgeschäft also **schwebend unwirksam**. 　**183**

b) Ein Insichgeschäft ist nur in den gesetzlich geregelten Ausnahmefällen von Anfang an wirksam:

aa) Zum einen, wenn der Vertretene dem Vertreter das Rechtsgeschäft gestattet, § 181 HS 1 BGB.

bb) Zum anderen ist das Rechtsgeschäft auch dann gültig, wenn es in der Erfüllung der Verbindlichkeit besteht (§ 181 BGB a.E.).

> *Bsp.: A kauft von seinem Stellvertreter V ein Bild. V erfüllt die Pflicht des A zur Kaufpreiszahlung, indem er den von A geschuldeten Betrag aus der Kasse des A nimmt. Diese Übereignung an sich selbst stellt zwar ein Insichgeschäft dar, besteht aber in der Erfüllung der Verbindlichkeit aus dem Kaufvertrag und ist daher von vorneherein wirksam.*

4. Sonderfall: Rechtlicher Vorteil

teleologische Reduktion des § 181 BGB

§ 181 BGB beruht auf dem Gedanken, dass die Mitwirkung derselben Person auf beiden Seiten des Rechtsgeschäfts die Gefahr eines Interessenkonflikts und damit die Schädigung eines Teils in sich birgt. 　**184**

Bringt das Insichgeschäft dem Vertretenen aber lediglich einen rechtlichen Vorteil, ist § 181 BGB nach seinem Normzweck nicht anwendbar, da hier die Interessenkollision ausgeschlossen ist.

Bsp.: Die Eltern möchten ihrem Kind einen Teddybär schenken. Dabei handeln sie auf der einen Seite für sich selbst und auf der anderen Seite für ihr Kind.

Zwar liegt auch hier ein Insichgeschäft vor, dieses ist aber nicht nach § 181 BGB schwebend unwirksam. Da die Schenkung eines Spielzeugs für das Kind rechtlich lediglich vorteilhaft ist, ist § 181 BGB teleologisch zu reduzieren, sodass dieses Geschäft wirksam vorgenommen werden konnte.

Liegt demgegenüber im Vollzug des dinglichen Geschäfts ein rechtlicher Nachteil (etwa bei Übereignung eines vermieteten Grundstücks) für das Kind, soll § 181 BGB nicht erlauben, dass die Eltern in Erfüllung der Verbindlichkeit aus dem Schenkungsvertrag als Vertreter des Kindes agieren (teleologische Reduktion der Ausnahme des § 181 BGB).

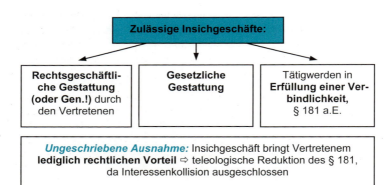

Zulässige Insichgeschäfte:

| **Rechtsgeschäftliche Gestattung (oder Gen.!)** durch den Vertretenen | **Gesetzliche Gestattung** | Tätigwerden in **Erfüllung einer Verbindlichkeit,** § 181 a.E. |

Ungeschriebene Ausnahme: Insichgeschäft bringt Vertretenem **lediglich rechtlichen Vorteil** ⇨ teleologische Reduktion des § 181, da Interessenkollision ausgeschlossen

Vertiefung

Wiederholen Sie zur Vertiefung dieser Problematik noch einmal den Fall 30 in „Die 76 wichtigsten Fälle BGB AT" und lesen Sie **BGH Life&Law 2005, 203 ff.**

G. Sonderproblem: Vollmachtsanfechtung

Anfechtung der Vollmacht

Fraglich ist, ob die Vollmachtserteilung anfechtbar ist, wenn sich der Vertretene bei der Erteilung geirrt hat.

185

I. Die nicht ausgeübte Innenvollmacht

Ist von einer Vollmacht noch kein Gebrauch gemacht worden, dann bedarf es überhaupt keiner Anfechtung, denn die Vollmacht ist mit Wirkung für die Zukunft jederzeit widerrufbar, § 168 S. 2 BGB.

186

II. Die ausgeübte Innenvollmacht

Hat der Vertreter aber bereits von der Innenvollmacht Gebrauch gemacht, dann nützt dem Vertretenen das Widerrufsrecht nichts mehr, denn dieses wirkt nur für die Zukunft. Daher ist fraglich, ob und wem gegenüber er anfechten kann.

187

Die Vollmachtserteilung ist bei der Innenvollmacht eine Willenserklärung und daher auch anfechtbar.

Die Anfechtung einer bereits betätigten Innenvollmacht hätte aber nicht nur zur Folge, dass diese gem. § 142 I BGB als von Anfang an nichtig anzusehen wäre, sondern auch, dass der Vertreter nachträglich zum Vertreter ohne Vertretungsmacht (falsus procurator) degradiert würde.

Er hätte den Vertrag ohne Vertretungsmacht geschlossen. Demnach wäre der Vertreter den Ansprüchen des Geschäftspartners aus § 179 BGB ausgeliefert, die er seinerseits als Anfechtungsgegner der Vollmacht gem. § 122 I BGB gegen den Vertretenen als Vertrauensschaden geltend machen könnte.

Dieses Ergebnis ist aber nicht tragbar, denn der Geschäftspartner hätte plötzlich das Risiko der Zahlungsfähigkeit des Vertreters hinsichtlich des Anspruchs aus § 179 I, II BGB zu tragen. Damit kann und muss er beim Vertragsschluss mit dem Vertretenen nicht rechnen. Auch der Vertreter ist auf einen Anspruch gegen den Vertretenen angewiesen, obwohl er alles richtig gemacht hat.

Aus diesem Grund wird versucht, ein gerechteres Ergebnis über die Wahl des Anfechtungsgegners zu erreichen. In Abweichung von § 143 III BGB muss die Anfechtung daher gegenüber dem Dritten erklärt werden. Dadurch erhält dieser dann den Anspruch aus § 122 I BGB (vgl. Wortlaut des § 122 I BGB) direkt gegen den Vertretenen selbst.

Es ist auch nicht unbillig, wenn der Vertretene dem Vertragspartner unmittelbar aus § 122 I BGB haftet, denn im Grunde zielt die Anfechtung auf die Vernichtung des abgeschlossenen Vertrages und nicht auf die Vernichtung der erteilten Vollmacht. Damit auch die Interessen des Vertreters gewahrt werden, entfällt aus Wertungsgesichtspunkten der gegen ihn grundsätzlich fortbestehende Anspruch aus § 179 I, II BGB.

Vertiefung

Arbeiten Sie hierzu den Fall 57 in „Die 76 wichtigsten Fälle BGB AT" durch.

III. Die ausgeübte Außenvollmacht

Bei der Außenvollmacht stellt sich das Problem nicht. Denn hier hat die Anfechtung ohnehin gegenüber dem Vertragspartner zu erfolgen, weil dieser schon gem. § 143 III BGB Anfechtungsgegner ist und damit den Anspruch aus § 122 I BGB gegen den Vertretenen hat.

IV. Die ausgeübte, kundgemachte Innenvollmacht

Umstritten ist, ob auch die nach außen kundgemachte Innenvollmacht anfechtbar ist, wenn sich der Vertretene bei der Kundgabe in einem Irrtum befindet (sich z.B. verspricht). *188*

1. Teilweise wird dies mit der Begründung abgelehnt, dass die Kundgebung keine Willenserklärung, sondern lediglich eine Wissenserklärung ist. Anfechtbar sind aber nur Willenserklärungen. *189*

2. Andere vertreten die Ansicht, dass die kundgemachte Innenvollmacht genauso anfechtbar ist wie die ausgeübte Außenvollmacht (vgl. o.). *190*

Diese Ansicht überzeugt: Es ist kein Grund ersichtlich, warum der Empfänger der Kundmachung stärker geschützt und damit vor Anfechtung bewahrt werden sollte als derjenige, dem gegenüber die Außenvollmacht erklärt wurde (vgl. o.).

Abschließende Übersicht:

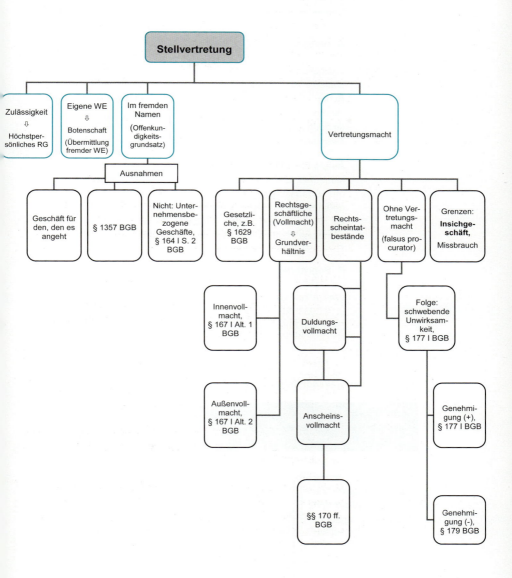

§ 10 Allgemeine Geschäftsbedingungen (AGB)

A. Hintergrund

Wir befinden uns bei der Frage, ob ein Primäranspruch *entstanden ist.* Vergegenwärtigen Sie sich noch einmal das Schema zur Prüfung eines Einzelanspruchs (Rn. 18 ff.)! Hierher gehört auch die Frage, ob Allgemeine Geschäftsbedingungen Bestandteile des Vertrages geworden sind. Denn diese bestimmen, welchen Inhalt der Vertrag hat.

191

Aufgrund unterschiedlicher wirtschaftlicher Verhältnisse kann das Gleichgewicht zwischen den Vertragsparteien – das Voraussetzung einer weitgehenden Vertragsfreiheit ist – gefährdet sein. Hauptzweck der §§ 305 ff. BGB ist es daher, die Parteien vor Vertragsklauseln zu schützen, die ihre rechtliche Position unzumutbar schwächen.

B. Begriff der Allgemeinen Geschäftsbedingungen

Definition:
§ 305 I BGB

Was Allgemeine Geschäftsbedingungen überhaupt sind, ist in § 305 I BGB definiert. Nur Vertragsklauseln, die dieser Definition entsprechen, fallen unter die §§ 305 ff. BGB.

192

§§ 305 ff. nur anwendbar, wenn es sich überhaupt um AGB handelt

AGB = für Vielzahl von Verträgen vorformulierte Vertragsbedingungen, die eine Vertragspartei (= Verwender) der anderen bei Abschluss des Vertrages stellt, vgl. § 305 I S. 1

Vorformulierte Vertragsbedingungen	**Für Vielzahl von Verträgen**	**Veranlassung der Einbeziehung durch Verwender**
(Erweiterung auf bestimmte einseitige rechtsgeschäftliche Erklärungen möglich)	(Untergrenze 3-5 *geplante* Verwendungen, §§ 305 ff. gelten aber schon ab *erster* Verwendung)	(= "Stellen") (Fiktion des § 310 III Nr. 1 beachten!)

C. Anwendbarkeit der Regelungen über AGB

Bevor Sie mit der Prüfung der einzelnen Voraussetzungen des § 305 I BGB beginnen, sollten Sie überprüfen, ob die Regelungen über die AGB überhaupt anwendbar sind.   **193**

I. Sachlicher Anwendungsbereich

Nach § 310 IV BGB (lesen!) ist die Anwendung für Verträge aus bestimmten Rechtsgebieten ausgeschlossen.   **194**

II. Persönlicher Anwendungsbereich

Gemäß § 310 I BGB ist für Unternehmer die Anwendung der §§ 305 II, III und 308 (bestimmte Nummern), 309 BGB ausgeschlossen. Was ein Unternehmer ist, beschreibt § 14 I BGB. Beachten Sie in diesem Zusammenhang auch § 310 III BGB, der die Besonderheiten für Verträge zwischen Unternehmern und Verbrauchern (§ 13 BGB) aufzeigt.   **195**

hemmer-Methode: Bitte gehen Sie auf die Anwendbarkeit der §§ 305 ff. BGB nur dann ein, wenn sie tatsächlich problematisch ist. Wenn das nicht der Fall ist, schreiben Sie nur kurz, dass § 310 BGB der Anwendung der §§ 305 ff. BGB nicht im Wege steht.

D. Voraussetzungen

Vor.: ⇨ § 305 I BGB

Nachdem Sie festgestellt haben, dass die §§ 305 ff. BGB anwendbar sind, kommen Sie zur Prüfung der Voraussetzungen.

I. Zunächst müsste es sich um eine **Vertragsbedingung** handeln, § 305 I S. 1 BGB. Das sind Klauseln, die den Inhalt des Vertrages gestalten sollen.   **196**

II. Weiterhin müssen die AGB **für eine Vielzahl von Verträgen vorformuliert** sein, § 305 I S. 1 BGB. Die äußere Form der AGB ist dabei unerheblich, § 305 I S. 2 BGB.   **197**

III. Schließlich müssen die **Vertragsbedingungen** vom **Verwender einseitig** der anderen Vertragspartei **gestellt** worden sein, § 305 I S. 1 BGB. Daran fehlt es, wenn die Bedingungen tatsächlich individuell ausgehandelt wurden, § 305 I S. 3 BGB.   **198**

E. Einbeziehung in den Vertrag

Einbeziehung ⇨
§ 305 II BGB

Nachdem Sie festgestellt haben, dass Vertragsklauseln AGBen sind, müssen Sie prüfen, ob sie in den Vertrag einbezogen wurden. Wann das der Fall ist, regelt § 305 II BGB.

I. Der Verwender muss bei Vertragsschluss, ausdrücklich oder durch deutlich sichtbaren Aushang, auf die Bedingungen **hinweisen**, § 305 II Nr. 1 BGB.

199

II. Weiterhin muss der Geschäftsgegner die **Möglichkeit** haben, bei Vertragsschluss in zumutbarer Weise vom Inhalt der AGBen **Kenntnis zu nehmen**, § 305 II Nr. 2 BGB.

200

III. Schließlich muss die belastete Partei mit den AGBen **einverstanden** sein. Dabei genügt natürlich ein Einverständnis durch schlüssiges Verhalten, § 305 II BGB a.E.

201

hemmer-Methode: Beachten Sie bitte: Unabhängig davon, ob die Voraussetzungen des § 305 II BGB erfüllt sind, wird eine Klausel dann nicht Vertragsbestandteil, wenn sie so ungewöhnlich ist, dass der Vertragspartner mit ihr nicht zu rechnen braucht, § 305c I BGB (sog. überraschende Klausel).
Dadurch soll der Verbraucher zusätzlich gegen Überrumpelung geschützt werden.
Ob eine Klausel tatsächlich überraschend i.d.S. ist, bemisst sich nach dem Verständnis eines Durchschnittskunden!

F. Auslegung

Haben Sie festgestellt, dass die Vertragsklauseln AGBen sind und sie auch in den Vertrag einbezogen wurden, stellt sich oft die Frage, wie diese im konkreten Einzelfall zu verstehen sind.

Hier gelten die allgemeinen Regeln über Willenserklärungen und Verträge.

I. Die AGBen sind also grundsätzlich auszulegen, §§ 133, 157 BGB.

202

II. Sollten sich aber die Parteien über einen Vertragspunkt individuell geeinigt haben, so gilt diese Abrede auch dann, wenn eine AGB etwas anderes zum Ausdruck bringt, § 305b BGB.

203

Bsp.: A und B einigen sich darauf, dass A den Kaufpreis in Raten zahlt. In den AGBen des B, die Bestandteil des Vertrages geworden sind, steht dagegen, dass eine Ratenzahlung grundsätzlich ausgeschlossen ist. Da die Vereinbarung zwischen A und B gem. § 305b BGB vorgeht, kann A den Kaufpreis in Raten bezahlen.

III. Bleibt nach der Auslegung einer AGB nach den §§ 133, 157 BGB deren Inhalt weiterhin unklar, dann wird diese AGB gem. § 305c II BGB so ausgelegt, wie sie für den Kunden am günstigsten ist. Voraussetzung dafür ist allerdings immer, dass die Klausel auch auslegbar ist. Es müssen also mindestens zwei Deutungsmöglichkeiten gegeben sein.

204

G. Inhaltskontrolle nach §§ 307 – 309 BGB

Inhaltskontrolle

Sind nun die AGBen Vertragsbestandteil geworden, bedeutet das nicht, dass diese Klauseln auch wirksam sind. Sie müssen zunächst einer Inhaltskontrolle nach den §§ 307 – 309 BGB standhalten.

I. Dabei ist zu beachten, dass eine Inhaltskontrolle schon gar nicht in Betracht kommt, wenn in den AGBen lediglich die gesetzliche Regelung wiederholt wird, § 307 III S. 1 BGB.

205

Etwas anderes gilt dann, wenn eine AGB nicht klar und verständlich ist, § 307 III S. 2, I S. 1 BGB (sog. **Transparenzgebot**). In diesem Fall findet eine Inhaltskontrolle auch dann statt, wenn nicht von den gesetzlichen Regelungen abgewichen wird. Grund: Wenn der Verwender die gesetzlichen Vorschriften lediglich kompliziert umschreibt, erschwert er dem anderen Teil die Durchsetzung seiner Rechte.

Prüfungsreihenfolge

II. Haben Sie festgestellt, dass eine Inhaltsprüfung durchzuführen ist, müssen Sie unbedingt die folgende Prüfungsreihenfolge einhalten:

206

1. Klauselverbote ohne Wertungsmöglichkeit, § 309 BGB

zuerst: § 309 BGB

§ 309 BGB (lesen!) enthält einen Katalog von Tatbeständen, bei deren Verwirklichung die betreffende AGB unwirksam ist.

207

2. Klauselverbote mit Wertungsmöglichkeit, § 308 BGB

dann: § 308 BGB

AGBen, die unter den Katalog des § 308 BGB fallen, sind genauso unwirksam wie solche, die unter § 309 BGB fallen.

208

Im Unterschied zu § 309 BGB beinhaltet § 308 BGB allerdings einige **unbestimmte Rechtsbegriffe**, die der Auslegung bedürfen, z.b. *„unangemessen hohe Vergütung"* in § 308 Nr. 7 BGB.

3. Generalklausel des § 307 I, II BGB

zuletzt: § 307 I, II BGB

§ 307 I, II BGB stellt die letzte Hürde für die Wirksamkeit einer AGB dar.

hemmer-Methode: Ursprünglich sollte § 307 BGB lediglich Auffangtatbestand sein. Von allen drei Normen hat § 307 BGB heute aber die größte Bedeutung. Das liegt einmal daran, dass die Verwender von AGBen natürlich versuchen, den Klauselverboten der §§ 309, 308 BGB aus dem Wege zu gehen. Zudem ist für eine Verwendung gegenüber einem Unternehmer gem. § 310 I S. 1 BGB die Anwendung der §§ 309 und 308 (bestimmte Nummern) BGB ausgeschlossen. § 307 I, II BGB stellt deshalb in diesen Fällen die einzige Überprüfungsmöglichkeit für AGBen dar.

§ 307 II BGB

a) Zunächst müssen Sie § 307 II BGB prüfen. Was eine unangemessene Benachteiligung darstellt, ist in § 307 II Nr. 1 und Nr. 2 BGB geregelt. **209**

§ 307 I BGB

b) Erst wenn Sie mit § 307 II BGB nicht zur Unwirksamkeit der AGBen gekommen sind, müssen Sie § 307 I BGB prüfen. **210**

Eine *„Benachteiligung"* liegt dann vor, wenn die Interessen des Vertragspartners soweit zurückstehen, dass ein vollständiger Interessenausgleich zwischen den Parteien nicht stattfindet.

„Unangemessen" ist diese Benachteiligung, wenn der Verwender mit der AGB nur seine eigenen Interessen verfolgt, ohne dabei hinreichend Rücksicht auf die Interessen des Vertragspartners zu nehmen.

hemmer-Methode: Sie sehen, dass diese Definitionen Sie auch nicht wirklich weiter bringen. Wichtiger für Sie als Anfänger ist es daher, Argumente für und gegen die Wirksamkeit der Klausel zu finden. Das Vorurteil, für Jura müsse man viel auswendig lernen, ist falsch. Es kommt im großen Maß auf Ihre Argumentationsfähigkeit an!

keine geltungserhaltende Reduktion

Verstößt der Inhalt einer AGB nur teilweise gegen die §§ 307 ff. BGB, so ist die ganze Klausel unwirksam. **211**

Unzulässige Klauseln dürfen nicht etwa soweit gelten, dass sie nach den §§ 307 ff. BGB gerade noch wirksam sind (= **Verbot der geltungserhaltenden Reduktion**). Ansonsten würde der Verwender immer unwirksame Klauseln verwenden. Wehrt sich der andere Teil dagegen, bleibt dem Verwender zumindest der gerade noch zulässige Teil der Klausel. Der Verwender würde also keinerlei Risiko dafür tragen, dass er unwirksame Klauseln verwendet.

H. Rechtsfolgen der Nichteinbeziehung bzw. der Unwirksamkeit

Auswirkungen

Kommen Sie zur Unwirksamkeit einer Klausel oder stellen Sie fest, dass die Klausel nicht in den Vertrag einbezogen wurde, dann stellt sich die Frage, wie sich das auf den gesamten Vertrag auswirkt.

212

Nach der Regel des § 139 BGB könnte der gesamte Vertrag unwirksam sein. Sinn und Zweck der §§ 305 ff. BGB ist aber der Schutz des schwächeren Teils. Die Unwirksamkeit des ganzen Vertrags entspricht nicht dem Interesse des schwächeren Teils. Er würde sonst vor der Wahl stehen: ein ungerechter Vertrag oder gar kein Vertrag.

§ 306 I BGB lex specialis zu § 139 BGB

Daher stellt § 306 BGB für AGB ein **eigenes Rechtsfolgensystem** zur Verfügung. Er bestimmt ganz allgemein, dass der Vertrag im Übrigen grds. wirksam bleibt. Daher ist § 306 I BGB lex specialis zu § 139 BGB.

Vertiefung

Arbeiten Sie zu den AGBen den Fall 71 in „Die 76 wichtigsten Fälle BGB AT" durch. Dieser zeigt Ihnen, wie die AGBen in der Klausur zu behandeln sind. Für Fortgeschrittene ist auch der Fall 72 zu empfehlen. Dieser behandelt den Fall, dass beide Parteien AGBen stellen und diese sich widersprechen.

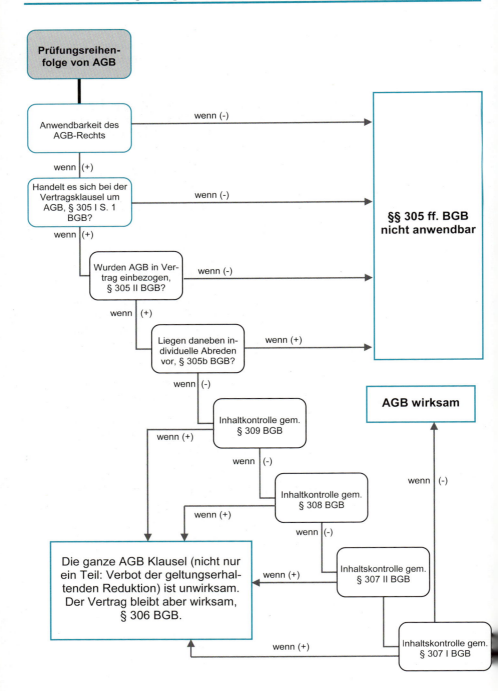

§ 11 Verjährung

A. Allgemeines

I. Die Verjährung ist eine dauerhafte, **rechtshemmende Einrede**. Der Anspruch ist zwar gegeben, der Schuldner kann aber die Leistung verweigern. Damit befinden wir uns beim Prüfungspunkt „**Anspruch durchsetzbar**".

213

Sinn und Zweck der Verjährung ist es, nach einer gewissen Zeit Rechtsfrieden eintreten zu lassen.

II. Die Verjährung wurde durch die Schuldrechtsreform im Jahre 2002 völlig neu geregelt.

214

Seit diesem Zeitpunkt ist die Verjährung in §§ 194 ff. BGB geregelt und beschreibt das Ende der Durchsetzbarkeit von Ansprüchen.

merke:

Es können nur Ansprüche (= „*ein Recht* von *einem anderen ein Tun oder Unterlassen zu verlangen*") verjähren, nicht dagegen Gestaltungsrechte, wie z.B. die Anfechtungs- oder Widerrufsrechte. Diese können allenfalls verfristen (vgl. §§ 121, 124 BGB).

III. Die Verjährung ist nicht für alle Ansprüche gleich lang bemessen. Sie richtet sich nach der Art des Geschäftes.

215

So verjähren die in § 196 BGB genannten Ansprüche auf Grundstücksrechte in zehn Jahren. Die in § 197 I BGB genannten Ansprüche verjähren in 30 Jahren.

regelmäßige Verjährung = 3 Jahre

Für andere als die in den §§ 196, 197 BGB genannten Ansprüche gilt die **regelmäßige Verjährungsfrist** von drei Jahren, § 195 BGB.

Daneben gibt es aber auch noch besondere Verjährungsfristen. *Z.B. im Kaufrecht, § 438 BGB, und im Werkvertragsrecht, § 634a BGB.*

Regelmäßige Verjährung, § 195	**3 Jahre**
Verjährung bei Rechten an einem Grundstück, § 196	**10 Jahre**
Ansprüche i.S.d. § 197 I	**30 Jahre**

Sonstige Verjährungsfristen im BGB, z.B.:

- § 438 I Nr. 3: **2 Jahre i.d.R.** (bei Arglist: Regelverjährung, § 438 III)
- § 634a I Nr. 1: **2 Jahre** (Sachen), § 634a I Nr. 2: **5 Jahre** (Bauwerk)
- § 548: **6 Monate**
- § 852 S. 2: **10 Jahre** ab Entstehung

B. Verjährungsbeginn

I. Fristbeginn bei der regelmäßigen Verjährungsfrist

Regelverjährung

Die Frist beginnt bei der regelmäßigen Verjährungsfrist gem. § 195 BGB **am Ende des Jahres** zu laufen, in dem der Anspruch entstanden ist (§ 199 I Nr. 1 BGB) **und** der Gläubiger Kenntnis von den Anspruch begründenden Umständen und der Person des Schuldners erlangt hat oder infolge grober Fahrlässigkeit nicht erlangt hat, § 199 I Nr. 2 BGB.

216

hemmer-Methode: Das subjektive Element *(„Kenntnis oder fahrlässige Unkenntnis von den Anspruch begründenden Umständen und der Person des Schuldners")* soll einen Ausgleich für die starke Verkürzung der Fristen durch die Schuldrechtsreform 2002 darstellen. Der Fristbeginn ist damit nur subjektiv bestimmbar und kann von Einzelfall zu Einzelfall unterschiedlich aussehen.

II. Fristbeginn in den Fällen von §§ 196, 197 BGB

Verjährung gem. §§ 196, 197 BGB

In den Fällen von §§ 196, 197 I Nr. 1 BGB beginnt die Verjährungsfrist **mit der Entstehung des Anspruchs**, soweit nicht ein anderer Verjährungsbeginn bestimmt ist, § 200 S. 1 BGB

217

Für die Fälle des § 197 I Nr. 3 – 6 BGB gilt hingegen § 201 S. 1 BGB.

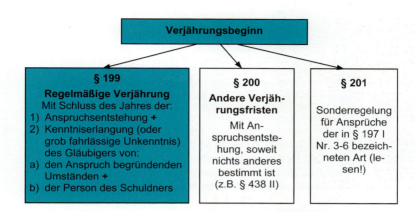

§ 199	§ 200	§ 201
Regelmäßige Verjährung Mit Schluss des Jahres der: 1) Anspruchsentstehung + 2) Kenntniserlangung (oder grob fahrlässige Unkenntnis) des Gläubigers von: a) den Anspruch begründenden Umständen + b) der Person des Schuldners	**Andere Verjährungsfristen** Mit Anspruchsentstehung, soweit nichts anderes bestimmt ist (z.B. § 438 II)	Sonderregelung für Ansprüche der in § 197 I Nr. 3-6 bezeichneten Art (lesen!)

Vertiefung

Lesen Sie zum Einstieg den Fall 73 in „Die 76 wichtigsten Fälle BGB AT".

C. Hemmung und Neubeginn der Verjährung

Hemmung

I. Der Lauf der Verjährungsfristen kann durch bestimmte Ereignisse gehemmt werden. Welche Ereignisse es sein können, ist in den §§ 203 bis 208 BGB (lesen!) geregelt.

218

Hemmung

Bei der **Hemmung** werden die Zeiten, in denen die Ereignisse i.S.v. §§ 203 bis 208 BGB vorliegen, in die Verjährungsfrist nicht eingerechnet. Das bedeutet, dass nach Wegfall des Hindernisses die Verjährung einfach weiterläuft, § 209 BGB.

Ablaufhemmung

Allerdings bestimmen §§ 203 S. 2 bzw. 204 II BGB, dass die Verjährung erst eintritt, wenn seit Wegfall des Hemmungsgrundes bestimmte Zeiträume verstrichen sind (sog. **Ablaufhemmung**).

> **Bsp.:** *A hat gegen B einen Kaufpreisanspruch aus einem Kaufvertrag vom 20.10.2018. A führte ein Mahnverfahren durch. B wurde am 31.10.21 ein Mahnbescheid zugestellt. Am 29.11.19 endete das Mahnverfahren durch Rücknahme des Mahnantrags. Wann verjährt der Anspruch des A auf Kaufpreiszahlung?*
>
> *Der Kaufpreisanspruch verjährt grds. am 31.12.21. Mit der Zustellung des Mahnbescheids am 31.10.21 wurde die Verjährung jedoch gehemmt, § 204 I Nr.3 BGB. Der Hemmungsgrund ist am 29.11.21 entfallen.*

Ab diesem Zeitpunkt läuft die Verjährung gem. § 209 BGB weiter, so dass sich der Ablauf um die Zeitspanne zwischen 31.10.2021 und 29.11.2021 verschieben würde. Allerdings sieht § 204 II S. 1 BGB vor, dass die Hemmung sechs Monate „nach dem Ende des Verfahrens" endet und damit erst am 29.05.2022. Ab diesem Zeitpunkt läuft die Verjährung weiter, so dass sich der Ablauf der Verjährung auf den 29.07.2022 verschiebt. Damit ist der Anspruch erst am 30.07.2022 verjährt.

Neubeginn bei Unterbrechung

II. Liegt dagegen eines der Ereignisse i.S.v. § 212 I Nr. 1 und Nr. 2 BGB vor, so wird die Verjährung **unterbrochen**. Fällt dieses Ereignis später weg, läuft die Verjährungsfrist nicht wie bei der Hemmung weiter. Vielmehr beginnt sie von neuem zu laufen (**Neubeginn**).

219

Vertiefung

Bearbeiten Sie hierzu den Fall 76 in „Die 76 wichtigsten Fälle BGB AT". Dieser zeigt Ihnen den Unterschied zwischen Hemmung und Neubeginn der Verjährung am Fall.

D. Wirkung der Verjährung

Rechtsfolgen der Verjährung

Kommen Sie zu dem Ergebnis, dass der von Ihnen zu prüfende Anspruch verjährt ist, stellt sich die Frage, welche Rechtsfolgen das mit sich bringt.

220

Nach § 214 I BGB ist der Schuldner berechtigt, die Leistung zu verweigern. Leistet er dennoch, kann er das Geleistete nicht zurückfordern, § 214 II S. 1 BGB.

hemmer-Methode: Lesen Sie *zur Vertiefung* dieser Problematik den Fall 75 in „Die 76 wichtigsten Fälle BGB AT".

E. Sonderfall: Verjährungsvereinbarungen

Aufgrund der Privatautonomie (Rn. 59) können die Parteien die Verjährungsregeln abändern. Dies ergibt sich auch aus dem Umkehrschluss des § 202 I BGB.

221

Diese Befugnis ist aber nicht grenzenlos. Das Gesetz regelt die inhaltlichen Grenzen für die Verjährungsabreden.

*Verjährungs-
erleichterungen*

So darf die Verjährung bei Haftung wegen Vorsatzes nicht im Voraus erleichtert werden, § 202 I BGB. Zudem darf im Verbrauchsgüterrecht die Verjährung der Mängelansprüche nicht verkürzt werden, sofern es sich nicht um eine gebrauchte Sache handelt, vgl. § 476 II S.1 a.E. BGB. Zusätzlich müssen die in § 476 II S.2 BGB genannten Vorgaben gewahrt sein.

*Verjährungs-
erschwerungen*

Auch Verjährungserschwerungen sind nur möglich, wenn § 202 II BGB nicht greift. Danach kann die Verjährungsfrist durch Rechtsgeschäft der Vertragsparteien auf maximal 30 Jahre verlängert werden.

hemmer-Methode: Lesen Sie hierzu den Fall 74 in „Die 76 wichtigsten Fälle BGB AT". Dieser behandelt die interessante und auch sehr lehrreiche Kombination von Verjährungsrecht und dem Recht der AGB.

Sie haben es geschafft!

Haben Sie gemerkt, wie hilfreich eine systematische Herangehensweise ist, um Zusammenhänge zu erfassen? Dies ist im Zivilrecht die größte Schwierigkeit. Wichtig ist es nun, das Erlernte durch Wiederholungen bzw. Vertiefen anhand von Fällen im Gedächtnis zu festigen. Dann wird sich nach und nach ein Verständnis herausbilden, welches für die Bewältigung unbekannter Fälle unabdingbar ist. Wir wünschen Ihnen dabei viel Erfolg. Sie werden sehen: Jura richtig gelernt macht Spaß!

Die Zahlen verweisen auf die Randnummern des Skripts

Karl-Edmund Hemmer & Achim Wüst:

„NICHTS IST WICHTIGER, ALS RICHTIG ZU LERNEN!"

Ihr Prüfungsergebnis ist die Summe Ihrer Vorbereitung. Lernen will gelernt sein.

Karl-Edmund Hemmer / Achim Wüst

STRATEGIEN FÜR DAS RICHTIGE LERNEN.
ODER: LERNLUST STATT STUDIENFRUST.

ALLE SPRECHEN VOM RICHTIGEN LERNEN. SEIT 1976 SIND WIR DAMIT BESCHÄFTIGT, UNS GEDANKEN NICHT NUR ÜBER DAS „WAS", SONDERN AUCH ÜBER DAS „WIE" DES LERNENS ZU MACHEN. WIR HABEN IN UNSERER LANGJÄHRIGEN TÄTIGKEIT ALS REPETITOREN FESTGESTELLT: OFT WIRD ZU SCHABLONENHAFT GELERNT, OHNE SICH GEDANKEN ÜBER DAS RICHTIGE LERNEN ZU MACHEN. DIE FRAGE NACH DEN STRATEGIEN FÜR DAS RICHTI- GE LERNEN SIND SO AKTUELL WIE NIE ZUVOR.

1. WIE WIRD DAS GEDÄCHTNIS EINGETEILT?

Wer sich über den Aufbau des Gedächtnisses im Klaren ist, lernt erfolgreich und kann die volle Leistungsfähigkeit des Gedächtnisses abrufen. Diese gilt es zu steigern. Grundwissen über das Gedächtnis ist dafür unerlässlich. Moderne Erkenntnisse helfen dabei, richtig zu lernen. Die Gedächtnisforschung ist „in" wie nie zuvor. Der „menschli- che Computer" wird immer mehr durchschaut. Das Mehrspeichermodell des Gedächtnisses unterscheidet: **Soll eine Information länger gespeichert werden, muss sie drei Speichersysteme durchlaufen.**

Der **sensorische Speicher** *verfügt über eine sehr große Kapazität, allerdings kann er die Informationen nur maximal zwei Sekunden lang (!) bewahren. Es findet keinerlei Verarbeitung statt.*

1

2

3

Das **Langzeitgedächtnis (LZG)** *verfügt über unbegrenzte Kapazitäten und kann nahezu unerschöpfliche Datenmengen aufnehmen. Außerdem ist es außerordentlich stabil. Manche Forscher gehen sogar davon aus, dass nichts, was einmal in das LZG gelangt ist, jemals wieder verschwindet.*

Das **Kurzzeitgedächtnis (KZG)** *hat eine erheblich kleinere Ka- pazität. Das Kurzzeitgedächtnis kann Informationen höchstens 30 Sekunden lang speichern. Gehen die Informationen dann nicht ins Langzeitgedächtnis über, gehen sie verloren. Auch durch Training ist das KZG nicht dazu zu bringen, sich Daten länger als 30 Sekun- den zu merken. Außerdem ist es anfällig für Störeinflüsse von außen.*

Damit muss das richtige Lernen sich am Langzeitgedächtnis orientieren.

2. WIE FUNKTIONIERT DAS EINSPEISEN VON INFORMATIONEN?

In der Prüfungsvorbereitung (Scheine und Examen) kommt es zunächst darauf an, den Lernstoff richtig einzuspeisen. Lernen ist nach Ansicht der Hirnwissenschaft ein sich selbst fördernder Prozess. Das dümmste Rezept ist dabei: Pauken. Auswendiglernen hilft auf Dauer wenig. Grund: Vorhandene Synapsen werden rein mechanisch verfestigt, ohne dass der Information besondere Bedeutung beigemessen wird.

Wenn es aber um das Wiederabrufen und damit um das Erinnerungsvermögen geht, ist die Art der Übertragung in das LZG ausschlaggebend. Es kommt auf das **Enkodieren** an. Dabei ist die **Wiederholung ein zentraler Mechanismus**, durch den Inhalte dauerhaft im LZG verankert werden. Wichtig ist, dass es nicht auf die Anzahl, sondern auf die **Art der Wiederholung** ankommt.

Man unterscheidet zwischen der **rein erhaltenden Wiederholung,** die dazu dient, die Speicherzeit im KZG auszunutzen, ohne eine Übertragung ins LZG zu bewirken. Die erhaltende Wiederholung nutzt man beispielsweise, wenn man eine Telefonnummer nachgeschaut hat und sich immer wieder vorsagt, bis man sie wählen und wieder vergessen kann.

Anders die für das Lernen **wichtigere elaborierende Wiederholung**. Diese transportiert durch eine tiefere Verarbeitung den Stoff ins LZG. Anstatt Informationen passiv zu wiederholen, wird bei der elaborierenden Wiederholung die Bedeutung der Information berücksichtigt (Beispiel dazu siehe 5.a.).

Die elaborierende Wiederholung basiert weitgehend auf einer Verarbeitung und Verschlüsselung der Information und ist zentraler Bestandteil komplexer Lernstrategien. Wichtig dabei: Pro Tag kann sich das Gehirn (nur!) bis zu zehn komplexere Neuigkeiten merken. Auf dem Weg ins Gehirn konkurrieren die wichtigen Informationen allerdings mit einer Vielzahl anderer Informationen.

Schädlich für alles, was gelernt werden muss, ist deshalb z.B. die Dauerberieselung vor dem Fernseher, dem Computer oder dem Handy! Es droht der Informationsinfarkt.

3. WIE FUNKTIONIERT DAS ABRUFEN VON INHALTEN?

In der Prüfung kommt es darauf an, wie man Informationen aus dem Gedächtnis richtig abruft (dekodiert).

Dazu bedient man sich so genannter **Mnemotechniken** (griech. Mneme = Gedächtnis). Verwendet werden sollte die Methode, mit der man am besten zurechtkommt. Es sollten aber die drei bewährten Hauptregeln des Lernens bekannt sein:

- Wiederholung
- Assoziation
- Visualisierung
    (bildhafte Vorstellung, „Eselsbrücken")

So besteht etwa die Technik der **assoziativen Verbindungen** darin, dass zu jeder neuen Information eine bildhafte Vorstellung entwickelt wird.

So lässt sich die c.i.c. z.B. mit dem Ausrutschen auf einer Bananenschale im Eingang eines Kaufhauses bildhaft verankern. Soll die Information abgerufen werden, erinnert man sich an das damit verknüpfte Bild.

Eine ähnliche Technik nennt sich **Loci-Technik** (Ortsassoziation, eine der ältesten Gedächtnistechniken) und ist v.a. dann angebracht, wenn man sich viele aufeinander folgende Einzelheiten merken muss.

Dafür wählt man eine gut erinnerbare Folge von Orten aus, wie z.B. die einzelnen Häuser und Geschäfte auf dem Weg zur Universität. Das Gelernte wird dann mit den Orten bildhaft verknüpft. Beim Abrufen der Informationen geht man in der Vorstellung von Ort zu Ort.

Konsul Cicero beispielsweise wandelte vor öffentlichen Auftritten stets durch einen imaginären Palast der Erinnerung, in dessen Winkeln er Namen, Argumente oder Ereignisse platziert hatte.

Des Weiteren sind Gedächtnishilfen, die mit Humor oder Komik arbeiten, besonders wertvoll. Dinge, die uns zum Lachen bringen, kann man sich am besten merken. Skurrile Beispiele bekommen das Prädikat „besonders wertvoll"! Gelerntes bleibt besser haften, wenn es mit Gefühlen verknüpft ist. Emotionen wirken als Verstärker jeder neuen Information.

4. DER KAMPF GEGEN DAS VERGESSEN

Die Leistungen des LZG lassen sich erst dann optimal nutzen, wenn man sich über potentielle Fehlleistungen und die Art, wie sie zustande kommen, im Klaren ist. Die Forschung hat sich demzufolge mit Theorien des Vergessens auseinandergesetzt.

Einer der frühesten Gedächtnisforscher war Ebbinghaus, dessen Vergessenskurve zeigt, wie ein Gedächtnisinhalt ohne Verarbeitung über die Zeit hinweg nahezu vollkommen verschwindet.

Der Großteil der eingeprägten Daten wird sehr schnell vergessen - bereits in den ersten Tagen nach dem Erlernen -, während ein Restwissen sehr viel langsamer abnimmt.

Es rät sich deshalb, das sinnorientiert Erlernte (elaborierend) nach einer Stunde, einem Tag, einer Woche und einem Monat zu wiederholen.

Ebbinghaus fand heraus, dass die Erinnerung bei sinnhaltigem Material nicht so rasch abnimmt wie bei sinnlosen Wortsilben. Gleichwohl muss auch das so Erlernte wiederholt werden.

Mit der Wiederholungsmappe des hemmer/wüst Verlags wird die Wiederholung erleichtert und anwendungsorientiert, praktisch, effizient die Gedächtnisleistung verbessert. Trägt man dem Ebbinghaus'schen Gesichtspunkt Rechnung, so sind die erlernten Problemfelder immer wieder zu wiederholen und dabei die wiederkehrenden Themen sinnorientiert herauszuarbeiten.

So hilft es, sich beispielhaft den Vertrag mit Schutzwirkung mit Sinn und Zweck des Schutzes der dritten Person zu verbinden: Soll ein Dritter einen vertraglichen Sekundäranspruch haben (z.B. das Kind gegen den Elektriker, den der Vater bestellt hat)? Dies ist grundsätzlich eine Wertungsfrage.

Ohne eine sinnorientierte Abspeicherung besteht die Gefahr der sogenannten retroaktiven Hemmung: Sind zu wenige Assoziationen zum Problemfeld abgespeichert, gerät das Wissen wieder in Vergessenheit, sobald man neue Dinge aufnimmt.

Nur das sinnorientierte Lernen ermöglicht, andere Fallkonstellationen richtig einzuordnen und in der Klausur nach Sinn und Zweck zu argumentieren.

Zu beachten ist auch, dass das Fehlen geeigneter Abrufreize (z.B.: „Soundwörter" wie Eheleute, Minderjähriger, Haftungsprivilegierung) das Vergessen beschleunigt. Dann werden durch das Gedächtnis Informationseinheiten gewissermaßen am falschen Ort gespeichert.

Das Gedächtnis wird wissenschaftlich häufig mit dem Aufbau eines PC verglichen. Beim Fehlen geeigneter Abrufreize durchsucht es den falschen „Ordner" nach der gesuchten Information. Suche am falschen Ort wird bestraft!

Wird aber etwa durch eine gezielte Fragestellung der Abrufreiz initiiert, ist klar, wo der Inhalt zu suchen ist, die „items" werden abrufbar (so die sog. Interferenztheorie).

5. SINNVOLLE VERBESSERUNG DER GEDÄCHTNISSTRUKTUR - STRATEGIEN DAZU

Wie bereits dargelegt, muss eine Verarbeitung des Lernmaterials stattfinden, damit es ins LZG übertragen werden kann. Wesentlich ist dabei: Das LZG ist strukturiert, es gilt, das Neue in die bereits bestehende Gedächtnisstruktur zu integrieren. Das Lernmaterial sollte demzufolge so aufbereitet sein, dass es einen optimalen Organisationsgrad aufweist. Nicht jedes Lernmaterial wird dem gerecht. Die „easy-Variante" ist wenig organisiert. Um die Effektivität des Einprägens zu steigern, gibt es verschiedene Möglichkeiten:

a. Optimale Vernetzung

Das neu zu Erlernende sollte, wenn möglich, mit bereits Bekanntem verknüpft werden. Wissen im Gehirn zu verankern, ist anders als beim Computer kein reiner Abspeicherungsprozess, sondern ein Einordnungsprozess. Jede neue Information muss einen sinnvollen Platz im bereits vorhandenen Wissen einnehmen und sich damit vernetzen.

Beispiel: In einer unserer ersten Veranstaltungen im hemmer-Repetitorium lernen Sie § 166 BGB kennen. Irrt sich - wie im Fall 1 BGB AT - der Vertreter, so ist grundsätzlich sein Irrtum maßgeblich, § 166 I BGB.

Der Irrtum des Vertreters wird dem Vertragspartner zugerechnet. Wenn der Vertreter dann noch die entsprechende Vertretungsmacht hat, z.B. Prokura, kann er auch anfechten.

Schon in Fall 2 BGB-AT wird im nächsten Lernabschnitt „Scheingeschäft gem. § 117 BGB" die Kenntnis des Vertreters vom „rechtlich nicht Gewollten" über § 166 I BGB zugerechnet. Neu zu Erlernendes wird so mit bereits Bekanntem verknüpft.

Im Fall 5 BGB-AT geht es dann um die Anwendbarkeit des § 166 I BGB beim gutgläubigen Erwerb gem. §§ 929, 932 BGB.
Entscheidend ist die Gutgläubigkeit des Vertreters. Gleichzeitig lernen Sie die Ausnahme des § 166 II BGB kennen: Ausnahmsweise kommt es doch auf den Vertretenen an. Ein Problem mehr: Allerdings nur analog: Die nachträgliche Genehmigung steht der vorherigen Weisung i.S.d. § 166 II BGB gleich!

Die Vertiefungsfragen zu Fall 5 tragen dem mittlerweile gewonnenen Bewusstsein zu § 166 BGB Rechnung: So geht es insbesondere um die analoge Anwendbarkeit des § 166 I BGB bei Bösgläubigkeit im EBV (§ 990 BGB) und beim Überbau des Architekten im Rahmen des § 912 BGB. Besonderheiten, die im Rahmen des § 819 I BGB bei Annahme von § 166 I BGB bestehen, werden noch einmal gesondert erörtert.

Merken Sie: Wir tragen modernen Erkenntnissen zur Gedächtnisstruktur Rechnung, indem wir unser Lernmaterial optimal vernetzen. Die Fälle bauen aufeinander auf und erweitern sukzessive das juristische Bewusstsein.
Ein gutes Lernsystem zahlt sich aus, oft ohne dass dem Lernenden bewusst ist, warum er sich verbessert.
Nur mit dieser sinnorientierten Unterstützung und Instruktion durch Material und Lehrenden bleibt das erworbene Wissen besser haften.
Gleichzeitig wird das Verständnis für das Gelernte verbessert und die Motivation, weiter zu lernen, erhöht.
Stellen sich dann Erfolge ein, gibt dies einen weiteren Motivationsschub. Dabei ist Aufgabe der Lehrenden eher die Förderung der Lernprozesse als die bloße Darstellung von Informationen.
Der Erfolg des hemmer-Repetitoriums basiert darauf, dass Schritt für Schritt unter Anleitung durch selbst erfolgreiche Juristinnen und Juristen Neues eingeübt und gleichzeitig bisher erworbenes Wissen wiederholt wird.

Weiteres Beispiel: Schaffen Sie sich z.B. im Rahmen der Zurechnungsproblematik die „Kausalität" als vertrauten Oberbegriff. So lassen sich verschiedene Lebenssachverhalte in denselben juristischen Kontext einordnen. Z.B: Der nicht angekettete Hund beißt Kind, dieses muss vom Arzt behandelt werden. Das Nichtanketten war kausal für Rechtsgutverletzung und Schaden. Erleidet der Vater beim Unfall des Kindes einen Schock und muss im Krankenhaus behandelt werden, fragt sich, ob der Unfallverursacher auch dafür kausal war.

Kontrolleur erleidet bei der Verfolgung eines Schwarzfahrers einen Beinbruch; Eigentümer lässt Pkw, der vor seiner Garage parkt, abschleppen (sog. Herausforderungsfälle).

Merken Sie: Verschiedene Lebenssachverhalte, aber die gleiche Problematik: Kausalität! Letztlich geht es um die Frage, ob Rechtsgutverletzung und/oder Schaden zugerechnet werden sollen. Durch die Arbeit an unterschiedlichen Lebenssachverhalten mit gleicher Grundproblematik (Kausalität) wird inzident elaborierend wiederholt.

Noch ein anderes Beispiel für optimale Vernetzung: So ist der Begriff der Gefahr sowohl im Polizeirecht, im BGB (§ 228 und § 904 BGB) wie auch im Strafrecht (§ 34 StGB) von Bedeutung. Ebenso besteht Drittschutz im Zivilrecht (§ 839 BGB und § 823 II BGB) und insbesondere im Baurecht (Problem der Klagebefugnis des Nachbarn).

b. „Advanced Organizers"

„Advanced Organizers" sind vorangestellte Einordnungshilfen, d.h. zunächst sollte man sich über den Kontext im Klaren sein, in den das zu Erlernende einordnen lässt. Da das LZG eine Struktur aufweist, ist es sinnvoll, eine Art geistiges Gerüst als Verankerungsmöglichkeit zu schaffen.
Eine bewährte Methode hierfür ist die Aktivierung relevanter Gedächtnisinhalte. Hierbei vergegenwärtigt man sich vor der Aufnahme des Neuen das bereits Bekannte, das bei der Verarbeitung neuer Informationen hilfreich sein könnte. Die neuen Informationen werden dann nicht nur in eine bekannte Struktur integriert, sondern müssen in sich ebenfalls strukturiert sein.
Neue Einheiten werden so nicht isoliert gelernt, sondern weisen einen Sinnzusammenhang auf, der als große Struktur im Gedächtnis bleibt und leichter abgerufen werden kann.
Zum richtigen Lernen bedarf es einer eingehenden Problemdefinition (problemorientiertes Lernen). In den obigen Beispielen ist der Kontext „Zurechnung" im weitesten Sinne. Verankern Sie deshalb die Kausalität unter dem Begriff Zurechnung. Zurechnung beinhaltet über die bloße äquivalente Verursachung hinaus eine Wertung. Es ist wertend zu entscheiden, ob gehaftet werden soll oder nicht. Dies ist beim Biss des Kindes unproblematisch. Beim Schock des Vaters ist es problematisch. Die Haftung des Schädigers droht auszuufern. Beim nahen Verwandten wird die Haftung gleichwohl bejaht. Sonstige Dritte (Bekannte des Vaters erleidet Schock, Rentner beobachtet Unfall und erleidet Schock) gehen leer aus! Letztlich ist dies für die Dritten allgemeines Lebensrisiko.

Merken Sie: Sie bauen sich über die Begriffe Zurechnung und Kausalität Einordnungshilfen und damit Brücken zur Falllösung.

In unseren Kursen wird mit dieser Lernmethode „Ausgehen von Oberbegriffen als Konfliktfeld" die optimale Vernetzung und das Abstraktionsvermögen geschult. Vermeiden Sie aber den Fehler, Begriffe anwendungsunspezifisch zu lernen. Jeder Begriff gewinnt seine Bedeutung im jeweiligen Konfliktfeld.

Nur wer den Begriff Kausalität im Rahmen der Zurechnungsproblematik lernt, hat problemorientiertes Wissen. So erlangen Sie sinnhaltiges Übertragungswissen.

Multiple Perspektiven werden auf diese Art überhaupt erst möglich. So lässt sich auch der nächste, möglicherweise unbekannte Problemfall (z.B. behandlungsbedürftige Trauer der Eltern nach tödlichem Verkehrsunfall des Kindes und deshalb Verdienstausfall) einordnen.

c. Aktive Auseinandersetzung mit Materialien
Versuche mit Studierenden haben ergeben, dass diese sich Lerninhalte besser merken können, wenn eine Auseinandersetzung mit dem Gelernten stattfindet.

Diskussionen, in denen man sich mit dem Gelernten auseinandersetzt, sind damit wesentlicher Bestandteil der Gedächtnisarbeit.

Lernen wird generell durch eine Verarbeitung in Form von Reproduktion gefördert. Hierzu zählt, dass man beispielsweise das Gelesene in eigenen Worten nacherzählt. Es empfiehlt sich auch, in Arbeitsgruppen das Gelernte aktiv zu rekapitulieren. Das Anfertigen von Notizen fördert ebenfalls das Einprägen, da man dem Material größere Aufmerksamkeit widmet und eine aktive Auseinandersetzung damit stattfindet. Des Weiteren dienen die Notizen als externer Speicher, auf den man bei der Einprägephase zurückgreifen kann.

So erarbeiten wir mit unseren Kursteilnehmenden frühzeitig in gemeinsamer Diskussion, wie man an einen Fall herangeht (Assoziationsmethode) und damit die Weichen für die Lösung der Aufgabe richtig stellt. Wir lassen Sie in dieser wichtigen ersten Phase der Auseinandersetzung mit Prüfungsaufgaben nicht allein. Unter Anleitung durch Profis, die genau wissen, in welchen Kontext welches Problem eingebettet ist, wird gemeinsam an komplexen authentischen Problemfeldern Examenstypik eingeübt. Es wird auf typische Fehlermöglichkeiten hingewiesen, die bei bestimmten Konstellationen immer wiederkehren.

Fehlt z.B. in Ihrer Lösung bei § 823 I BGB der Prüfungspunkt Kausalität, so haben Sie garantiert ein Hauptproblem der Examensklausur übersehen.

d. Strategien der Kodierung
Eine wesentliche **Strategie** ist die der **Wiederholung**. Das wiederholende Lernen über einen langen Zeitraum hinweg ist die beste Gewähr gegen das Vergessen. Diese Art des Wiederholens wird als sog. gefächerte Wiederholung bezeichnet, wobei nur die **elaborierende (= vertiefende und verschlüsselnde) Wiederholung** für eine dauerhafte Verankerung im LZG sorgt.

Dabei muss man sich immer wieder die Basisthemen vergegenwärtigen, unter denen das Gelernte abgespeichert wurde (um beim obigen Beispiel zu bleiben: Kausalität).

Erinnern Sie sich noch an unser Beispiel zu § 166 BGB von oben? Wir wiederholen mit Ihnen diese Problematik in den Fällen 11 und 13 BGB-AT am Beispiel des Minderjährigen. Dort ist immer fraglich, ob für die verschärfte Haftung bei §§ 819 I, 990 I BGB der § 166 I BGB analog einschlägig ist und ob damit auf den gesetzlichen Vertreter abgestellt wird, oder ob es auf die Einsichtsfähigkeit des Minderjährigen selbst ankommt, Korrektur dann über § 828 BGB analog.

Nur das Lernen am großen Fall stellt sicher, dass erworbenes Wissen ständig wiederholt wird.

Durch die Verbindung von altem und neuem Wissen wird die Wiederholung nie langweilig.

So werden auch die Anspruchsgrundlagen aus §§ 311 II, 241 II, 280 I BGB (c.i.c.), §§ 280 I, 241 II BGB (pVV), §§ 677 ff. BGB (GoA), §§ 987 ff. BGB (EBV), §§ 812 ff. BGB, §§ 823 ff. BGB ständig nachtrainiert, da sie in vielen Examensfällen mögliche Anspruchsgrundlagen sind.

Nur dauernde Anwendung der wichtigsten Problemfelder in unterschiedlichen Konstellationen schafft Verständnis für deren Examenstypik. Problem erkannt, Gefahr gebannt!

Bei umfangreichem Stoff muss zudem das zu Erlernende **sehr gut strukturiert** werden. Folgende Strukturen erfüllen diesen Zweck:

- **hierarchische Strukturen**
  (Prinzip der Über-, Unter- und Nebenordnung)
  Hirnforscher bestätigen: Informationen müssen hierarchisch geordnet vermittelt werden, vom Wichtigen zum Unwichtigen. Denn nur was als wichtig empfunden wird, vernetzt sich ausreichend im Langzeitgedächtnis. Chaos entsteht im lernenden Gehirn, wenn alles als gleichwertige Information vorgegeben wird.
  z.B.: vertragliche Ansprüche sind vor GoA, EBV, §§ 812 ff. BGB, §§ 823 ff. BGB zu prüfen.
  Oder: Die Ansprüche aus §§ 987 ff. BGB schließen grundsätzlich die aus §§ 823 ff. BGB aus, vgl. § 993 I HS 2 BGB.

- **Ketten-Strukturen**
  (Prinzip der logisch-kausalen Reihenfolge)
  z.B.: Mängelrechte setzen einen wirksamen Vertrag voraus. Zurechnung einer Willenserklärung nur, wenn wirksame Vertretung.
  Rückwirkung der Anfechtung (§ 142 I BGB) lässt Vertrag entfallen und führt zu §§ 812 ff. BGB und häufig zu §§ 987 ff. BGB.

- **Cluster-Strukturen**
  So wird z.B. der abstrakte Begriff der Kausalität durch Beispiele verdeutlicht: Bei Verkehrsunfall wird Geschädigter am Bein verletzt. Der Unfallverursacher ist für die daraus entstehende Rechtsgutverletzung und den Schaden kausal. Verunglückt der Rettungswagen und erleidet der Geschädigte eine weitere Verletzung, so ist fraglich, ob der Erstschädiger auch für die Folgeverletzung und den Schaden verantwortlich ist. Die Kausalität könnte durch das Dazwischentreten des

Zweitschädigers unterbrochen sein. Macht schließlich der behandelnde Arzt bei der Behandlung einen „normalen" Kunstfehler, wird dies dem Erstschädiger beim Unfall des Rettungswagens zugerechnet. Setzt der behandelnde Arzt aber die Todesspritze, weil er seinen Nebenbuhler erkennt, ist der Zurechnungszusammenhang unterbrochen. Dies wird dem Erstschädiger nicht mehr zugerechnet.

- Eine weitere Strategie der Kodierung ist die Reduktion. Fortschrittliches Lernen konzentriert sich stärker auf die zentralen Inhalte, die dann auch wirklich verstanden werden sollten.

Hierbei wird umfangreiches Material auf das Wesentliche reduziert, etwa, indem man Exzerpte anfertigt, die man immer weiter reduziert, bis nur noch die wichtigen Schlüsselbegriffe auf einem Blatt stehen:
Beispiel: Eltern zahlen die Krankenhauskosten des Kindes. Kind verlangt vom Schädiger Ersatz.
Hier ist der Schlüsselbegriff „Vorteilsanrechnung".
Sound: Es findet keine Vorteilsanrechnung statt, vgl. § 843 IV BGB. Das Kind behält den Schadensersatzanspruch.
Unter diesen Schlüsselbegriff Vorteilsanrechnung ordnen Sie dann weitere Problemkreise ein, wie z.B. Oma schenkt verletztem Kind zum Trost Geldschein, Kinder des getöteten Unterhaltpflichtigen machen Erbschaft, denkmalgeschütztes Haus brennt ab, Grundstück ist jetzt mehr wert, usw. Grund für die Diskussion: Der Schädiger soll nicht unbillig entlastet werden.

6. KOMPLEXE LERNSTRATEGIE

M U R D E R

Zum Abschluss stellen wir Ihnen die bewährte komplexe Lernstrategie MURDER vor, die die Leistungen und Kapazitäten des LZG, aber auch die Fehlleistungen berücksichtigt. Der Name MURDER steht dabei für die sechs zentralen Lernstufen:

MOOD (Einstimmen):

Lust vertreibt Frust! Den Lustfaktor halten Experten für mitausschlaggebend. Wir lernen, wenn die emotionalen Areale im Gehirn in Bewegung geraten.
Die beste Lernmethode nützt nichts, wenn es an Motivation mangelt. Wenn Sie die „Montagmorgen-Frage" für sich motivational günstig gelöst haben, sind Sie mit Ihrem inneren Selbstdialog einen Schritt weiter. Erste Voraussetzung für erfolgreiches Lernen. Wer nicht automatisch beim Lernen Spaß empfindet, dem empfehlen wir, seine Vorstellungen und Annahmen zu verbessern. Beispiele: „Ich bin unzufrieden, wenn ich nur „Scheinwissen" habe. Ich will mich im Fachlichen verbessern und nicht unter meinen Möglichkeiten bleiben."

Im sozialen Kontext ist der gute Jurist bzw. die gute Juristin bereits im Studium anerkannt. "Ich will einen interessanten Beruf haben, der an eine ansprechende Note anknüpft."
Jeder Studierende sollte sich eine geeignete Lernatmosphäre schaffen. Wenn Sie sich beispielsweise feste Lernzeiten angewöhnen, fällt Ihnen das Lernen weniger schwer, da es zur Gewohnheit wird.
Verzichten Sie beim Lernen auf Hintergrundmusik und das Handy! Ihre Aufmerksamkeit wird abgelenkt. Machen Sie kurze Pausen, wenn die Konzentration nachlässt.
Gehen Sie immer zur gleichen Zeit ins Repetitorium. Schreiben Sie zu einem festen Zeitpunkt Ihre Klausuren. Gönnen Sie sich eine Phase der Regeneration.
Im Anschluss daran: Wiederholung des gerade Gelernten. Nehmen Sie sich feste Zeiten für diese Wiederholung. Gewöhnen Sie sich an, regelmäßig in Arbeitsgemeinschaften das Erlernte zu diskutieren. Kommunikation fördert den Lernerfolg, die sozialen Fähigkeiten und macht mehr Spaß. So erreichte eine Arbeitsgruppe von vier Kursteilnehmenden einen Schnitt von über 12 Punkten! Lernen in Gruppen wird auch später im Beruf gefordert. Auch das hemmer-Repetitorium lebt vom Teamgedanken. Nehmen Sie sich klare Auszeiten für Ihre Freizeit. Nur so können Sie diese optimal genießen.

UNDERSTANDING (Verstehen):

Lesen Sie den Lernstoff zunächst dahingehend, dass Sie ihn von der grundsätzlichen Problematik her verstehen.
Z.B.: Es geht im Fall um zwei Schädiger.
Diese könnten Gesamtschuldner sein.
Suchen Sie sich danach die Stellen heraus, die Ihnen nicht ohne weiteres klar sind und bearbeiten Sie diese besonders gründlich. Z.B.: Einer der Schädiger ist privilegiert, der andere nicht: Gesamtschuld gestört? Wie ist diese Konstellation zu lösen?

Zu Lasten des Nichtprivilegierten (er haftet allein voll), zu Lasten des Privilegierten (er haftet trotz Privilegierung als Gesamtschuldner) oder zu Lasten des Geschädigten, dessen Anspruch um den Verantwortungsteil des Privilegierten gekürzt wird?

Generell gilt: „Seitenfresserei" rentiert sich nicht. So kapitulieren viele Studenten vor dem Faktenberg und brechen ihr Studium ab. Wachstum als Jurist heißt vielmehr Auseinandersetzung mit Problemfeldern. In Schulen und Universitäten geht man zu stark von einer Input-Orientierung aus, ohne zu fragen, was dabei am Ende herauskommt. Besser ist eine Output-Orientierung. Nur wer Gehörtes oder Gelesenes auch verstanden hat, lernt richtig. Verstehen heißt Lust statt Frust.

Schaffen Sie sich Verständnis, indem Sie zunächst das Problem definieren. Fragen Sie sich auch, was der Grund für eine Regelung ist. Beispiel „Saldotheorie" im Bereicherungsrecht: Die gesetzliche Regelung (sog. Zweikondiktionentheorie) ist dann unbillig, wenn sich der eine Schuldner auf Entreicherung berufen kann, der andere nicht. Die Saldotheorie durchbricht aus Billigkeitsgründen die gesetzliche Regelung: Der Wert der Entreicherung wird zum Abzugsposten vom eigenen Bereicherungsanspruch des Entreicherten. Grund: Die vertragliche Verknüpfung von Leistung und Gegenleistung (Synallagma) gilt auch bei der Rückabwicklung im Bereicherungsrecht. Trauen Sie sich dabei an die „big points" der jeweiligen Falllösung und vertun Sie nicht Ihre Zeit mit Selbstverständlichem. Nur so setzen Sie die Schwerpunkte bei der Nachbearbeitung richtig.

RECALLING:

Das Wiedererinnern des Lernstoffs vertieft die Gedächtnisspur. Finden Sie abschnittsweise heraus, wieviel Sie behalten haben. Schreiben Sie die Hauptpunkte auf und überlegen Sie, in welchem Zusammenhang sie zueinander stehen.

Dabei helfen Ihnen insbesondere die Wiederholungs- und Vertiefungsfragen des Hauptkurses, die zielgenau abfragen, ob Sie den Lernstoff des Falles verstanden und behalten haben. So setzen Sie sich aktiv mit dem jeweiligen Themenkreis auseinander.

DIGESTING:

Verarbeiten Sie den Stoff zusätzlich, indem Sie ihn ergänzen. Durch gezieltes Nachlesen und das Beschaffen zusätzlicher Informationen schließen Sie Wissenslücken. Gehen Sie noch einmal eventuelle Schwierigkeiten durch und tauschen Sie sich mit anderen darüber aus.

Den Hauptkursteilnehmenden dienen die Karteikarten oder Skripten zur Vertiefung und Abrundung des jeweiligen Problemkreises. Erweitern Sie so durch punktuelles Nachlesen Ihr Problembewusstsein. Das Beschaffen zusätzlicher Informationen wird vereinfacht.

Die Sprachverwendung ist ähnlich unserem Hauptkurs. Wir minimalisieren Ihren Arbeitsaufwand. Nur auf das Examenstypische wird Wert gelegt.

Jahrelange Erfahrung (Repetitorium seit 1976) schlägt sich auch in den Skripten nieder. Wer über 1000 Examensklausuren analysiert hat, weiß, was wesentlich ist.

EXPANDING:

Vertiefen Sie das Gelernte, indem Sie es anwenden (z.B. durch Klausurenschreiben). Formulieren Sie sich Fragen zu dem gerade gelernten Stoff und beantworten Sie sich diese. Suchen Sie nach weiteren Beispielen (gut geeignet dafür ist auch der Palandt!) für die im Text erklärten Grundsätze.

REVIEWING:

Überprüfen Sie Ihren Fortschritt und vergleichen Sie Ihre aus dem Gedächtnis aufgeschriebenen Zusammenfassungen und Stichwortlisten mit dem Originaltext.

Sie haben sich bis hierhin durchgekämpft!
Wir gratulieren Ihnen. Als Juristin bzw. Jurist müssen Sie lernen, auch umfangreiche Texte zu bewältigen. Wir hoffen, dass Ihnen diese Tipps zum richtigen Lernen weiterhelfen. Nutzen Sie die Ihnen von uns gegebenen Möglichkeiten voll aus, indem Sie richtig lernen. Dieser Beitrag kann Ihnen helfen, Ihr Potential auszuschöpfen. Sie machen sich fit für die Prüfung, indem Sie die Struktur des Gedächtnisses optimal einsetzen.

Wir versuchen, Sie mit der Auswahl der Hauptkursfälle, dem Verlagsprogramm und unseren hochqualifizierten Mitarbeiterinnen und Mitarbeitern bestens auf Ihr Examen vorzubereiten.

Das Anspruchsgrundlagensystem des BGB fordert die Prüfung „Wer verlangt von wem was woraus."

Für Ihre Ausbildung gilt: Wer (Sie) lernt was (Fallauswahl, Güte des Programms) von wem (welches Repetitorium, Qualität der Kursleitenden)?

Nur wer wirklich weiß, was im Examen verlangt wird, kann Examenswissen weitergeben. So hatten z.B. die sechs Kursleiter eines Supercrashkurses einen Schnitt von 13,11(!) Punkten im Examen. Mehr als zehn Mitarbeiter in der Zentrale haben ihr Staatsexamen mit über 14 Punkten (sehr gut) bestanden. Sie sind alle ehemalige Kursteilnehmende.

Denken Sie daran: Wer nur auf vier Punkte lernt landet leicht bei drei.

Gehen Sie mit dem sicheren Gefühl ins Examen, sich richtig vorbereitet zu haben. Viele haben teuer bezahlt weil sie in die falsche Schule gingen. Für Sie ist wichtig auf wen Sie sich in Ihrer Ausbildung einlassen.

Ihr

Karl-Edmund Hemmer, Achim Wüst

Juristisches Repetitorium hemmer

hemmer/wüst Verlag
Unser Lernsystem im Überblick

Die Skripten für Studierende

■ GRUNDWISSEN - je 9,90 €

Die Grundwissenskripten sind für die Studierenden in den ersten Semestern gedacht. In den Theoriebänden Grundwissen werden leicht verständlich und kurz die wichtigsten Rechtsinstitute vorgestellt und das notwendige Grundwissen vermittelt. Die Skripten werden durch den jeweiligen Band unserer Reihe „Die wichtigsten Fälle" ergänzt.

■ DIE BASICS - je 16,90 €

Das Grundwerk für Studium und Examen. Es schafft schnell Einordnungswissen und mittels der hemmer-Methode richtiges Problembewusstsein für Klausur und Hausarbeit. Wichtig ist, wann und wie Wissen in der Klausur angewendet wird. Umfangreicher als die Grundwissenreihe und knapper als die Hauptskriptenreihe.

■ HAUPTSKRIPTEN - je 19,90 €
DAS PRÜFUNGSWISSEN

In unseren Hauptskripten werden die für die Prüfung nötigen Zusammenhänge umfassend aufgezeigt und wiederkehrende Argumentationsketten eingeübt. Nutzen Sie die Skripten als Ihre Bibliothek - vom 1. Semester bis zum 2. Staatsexamen Ihr ideales Nachschlagewerk. Sie sind - anders als das typische Lehrbuch - klausurorientiert. Beispielsfälle erleichtern das Verständnis. So wird Prüfungswissen auf anspruchsvollem Niveau vermittelt. Die studentenfreundliche Preisgestaltung ermöglicht den Erwerb als Gesamtwerk. So gehen Sie sicher in die Klausur.

■ DIE WICHTIGSTEN FÄLLE - ab 12,80 €
VOM FALL ZUM WISSEN

An Grundfällen werden die prüfungstypischen Probleme übersichtlich in Musterlösungen dargestellt. Eine Kurzgliederung erleichtert den Einstieg in die Lösung. Der jeweilige Fallschwerpunkt wird grafisch hervorgehoben. Die Reihe „Die wichtigsten Fälle" ist ideal geeignet, schnell in ein Themengebiet einzusteigen. So werden Zwischenprüfung und Scheine leicht.

Die Kartensätze

■ ÜBERBLICKSKARTEIKARTEN - je 30,00 € / 19,90 €

ÜBER PRÜFUNGSSCHEMATA ZUM WISSEN

Ihr Begleiter vom 1. Semester bis zum 2. Staatsexamen! In den Überblickskarteikarten sind die wichtigsten Problemfelder im Zivil-, Straf- und Öffentlichen Recht knapp, präzise und übersichtlich dargestellt. Sie erfassen effektiv auf einen Blick das Wesentliche. Die grafische Aufbereitung der Prüfungsschemata auf der Vorderseite schafft Überblick über den Prüfungsaufbau. Die Kommentierung mit der hemmer-Methode auf der Rückseite vermittelt deshalb das nötige Einordnungswissen für die Klausur und erwähnt die wichtigsten Definitionen.

■ BASICS KARTEIKARTEN - je 16,90 €

DAS PENDANT ZU DEN BASICS SKRIPTEN

Mit dem Frage- und Antwortsystem zum notwendigen Wissen. Die Vorderseite der Kartei- karte ist unterteilt in Einordnung und Frage. Der Einordnungstext erklärt den Problemkreis und führt zur Frage hin. Die Frage trifft dann den Kern der prüfungsrelevanten Thematik. Auf der Rückseite schafft der Antworttext Wissen.

■ HAUPTKARTEIKARTEN - je 16,90 €

DAS PENDANT ZU DEN HAUPTSKRIPTEN

Das Prüfungswissen in Karteikartenform für den, der es bevorzugt, mit Karteikarten zu ler- nen. Im Frage- und Antwortsystem zum Wissen. Auf der Vorderseite der Karteikarte führt ein Einordnungsteil zur Frage hin. Die Frage trifft die Kernproblematik des zu Erlernenden. Auf der Rückseite schafft der Antworttext Wissen.

■ DIE SHORTIES - je 24,90 €

IN 20 STUNDEN ZUM ERFOLG INKL. HEMMER-LERNBOX

Die kleinen Karteikarten in der hemmer Lernbox enthalten auf der Vorderseite jeweils eine Frage, welche auf der Rückseite grafisch aufbereitet beantwortet wird. Die bildhafte Darstellung ist lernpädagogisch sinnvoll. Die wichtigsten Begriffe und Themenkreise werden anwendungsspezifisch erklärt. Knappe geht es nicht - die Sounds der Juristerei! In Kürze verhelfen die Shorties s zum Erfolg.

Versandkostenfreie Bestellung in unserem hemmer

www.hemmer-shop.

Digitale Produkte

■ HEMMER APP

FÜR SMARTPHONE, TABLET UND PC

Das Frage-Antwort-System der hemmer Hauptskripten, unsere „haupties", digital lernen mit der intelligenten Lernplattform StudySmarter. Behalten Sie mit detaillierten Lernstatistiken Ihren Fortschritt im Blick und lernen Sie mit einem individuellen Lernplan. Kostenlos testbar: „haupties BGB AT I - III" (579 KK) sowie „Definitionen StrafR" (279 KK). Einfach den Code hemmer20 bei der Registrierung eingeben. Zusätzlich erhalten unsere Kursteilnehmenden über 600 Wiederholungs- und Vertiefungsfragen des HK-Materials. Der exklusive Code ist über die Kursleiter und Kursleiterinnen erhältlich.

■ EBOOKS - ab 9,90 €

DIE HEMMER SKRIPTENREIHE ALS EBOOKS

In den eBooks, die mit unserer hemmer Skriptenreihe identisch sind, werden die für die Prüfung nötigen Zusammenhänge umfassend aufgezeigt und wiederkehrende Argumentationsketten eingeübt. Nutzen Sie die eBooks als Ihre ortsunabhängige Bibliothek. Sie sind klausurorientiert und zahlreiche Beispielsfälle erleichtern das Verständnis. So wird Prüfungswissen auf anspruchsvollem Niveau vermittelt.

■ AUDIOCARDS - ab 19,95 €

AUDITIV - MODERN - EFFEKTIV

Die Wiederholungsfragen der hemmer Hauptskripten werden in den hemmer AudioCards vertont und beantwortet. Gleichzeitig haben Sie die Möglichkeit, den kompletten Inhalt inklusive Inhaltsverzeichnis per PDF einzusehen und auszudrucken. Wir verhelfen Ihnen mit unserem auditiven Lernsystem zu einer optimalen Prüfungsvorbereitung.

■ LIFE&LAW - DIGITAL - je 6,80 €

NEUESTE RECHTSPRECHUNG - KLAUSURTYPISCH AUFBEREITET

Die Life&LAW ist die deutschlandweit monatlich erscheinende hemmer-Ausbildungszeitschrift. In jeder Ausgabe werden aktuelle Entscheidungen im Bereich des Zivil-, Straf- und Öffentlichen Rechts aufbereitet und klausurtypisch von unseren hemmer-Repetitoren gelöst.

Erhältlich über unseren hemmer-shop
www.hemmer-shop.de

Die Skripten für das Assessorexamen

Die Assessorskriptenreihe richtet sich an die Kandidatinnen und Kandidaten des Zweiten Staatsexamens. Zum Einstieg ins Referendariat sollte sich mit den wichtigsten formellen und technischen Regeln der Assessorklausur vertraut gemacht werden. Die Reihe Assessor-Basics dient zudem der kompakten Wiederholung der wesentlichen Dinge durch den bereits Fortgeschrittenen. Die Skripten sind auch als eBook über den hemmer-shop erhältlich.

THEORIESKRIPTEN - 4 Bände je 19,90 €

In den Theoriebänden, die zudem auch viele kleine praktische Beispielsfälle enthalten, wird der Leser an die jeweilige Materie herangeführt. Dargestellt werden Arbeitstechnik und Formalia bzgl. der Klausurtypen. Die Skripten dienen primär dem Einstieg, daneben aber auch zur kompakten Wiederholung, dem Lernen und Vertiefen einzelner Problembereiche.

- Die zivilrechtliche Anwaltsklausur
- Das Zivilurteil
- Die Strafrechtsklausur im Assessorexamen
- Die Assessorklausur im Öffentlichen Recht

KLAUSURENTRAINING - 4 Bände je 19,90 €

Die Bände Klausurentraining präsentieren eine Fallsammlung, die in einer ganz besonderen didaktischen Form aufbereitet ist. Effektive Examensvorbereitung heißt beim Assessorexamen noch mehr als beim Referendarexamen: Lernen am Großen Fall, Training der Technik der Sachverhaltsanalyse, Schulung des Problemgespürs und Einstellung auf den imaginären Gegner.

- Zivilurteile
- Arbeitsrecht
- Strafrecht
- Zivilrechtliche Anwaltsklausuren

ÜBERBLICKSKARTEIKARTEN - 4 Sätze je 19,90 €
ÜBER PRÜFUNGSSCHEMATA ZUM WISSEN

Der unentbehrliche Begleiter für das Assessorexamen! In den Überblickskarteikarten sind die wichtigsten Problemfelder im Zivil-, Straf- und Öffentlichen Recht knapp, präzise und übersichtlich dargestellt. Auf der Vorderseite führt ein Frageteil zum Problem hin. Die grafische Aufbereitung der Antwort auf der Rückseite schafft Überblick. Sie erfassen so effektiv das Wesentliche. Tenorierungen und Formulierungsbeispiele ermöglichen die praktische Umsetzung. Die Kommentierung mit der hemmer-Methode auf der Rückseite schafft das nötige Einordnungswissen für die Klausur.

hemmer/wüst Verlag
Unser Lernsystem im Überblick

Psychologische Ratgeber & mentales Training

■ PRÜFUNGEN ALS HERAUSFORDERUNG - 14,80 €

MENTALE STÄRKE IM EXAMEN

Prüfungen erzeugen enormen Druck. Wenn die Belastung durch Angst und negative Gedanken zu groß wird, können Prüfungen trotz guter Vorbereitung misslingen. Hier setzt mentales Training an. Mit dem Arbeitsbuch von Dr. Bertold Ulsamer haben Sie den Coach an Ihrer Seite, der Sie mit zahlreichen Übungen mit verblüffender Wirkung begleitet. Seine gesamten Erfahrungen mit Mentaltraining als Coach, Managementtrainer und Psychotherapeut sind in dieses Buch eingeflossen. Diese werden auch Ihnen nutzen!

■ NLP FÜR EINSTEIGER - 12,80 €

SIND SIE NEUGIERIG UND WOLLEN SELBSTBESTIMMT NEUE WEGE BESCHREITEN?

NLP behandelt den erfolgreichen Umgang mit Menschen: Bei sich und bei anderen positive Veränderungen in Gang setzen, die Kunst, seine Mitmenschen zu verstehen und sich Ihnen verständlich zu machen. Dieses Buch stellt Schlüsselfragen, enthält viele Beispiele aus der Praxis und hilft mit Übungen, die Beziehung zwischen Körper und Denken zu nutzen. So stehen Ihnen mehr Kraft und Fähigkeiten in schwierigen Situationen zur Verfügung.

■ LEBENDIGES REDEN - 21,80 €

Wie man Redeangst überwindet, die Geheimnisse der Redekunst erlernt und Vorträge interessant gestaltet. Die Fähigkeit zum lebendigen angstfreien Reden vor Gruppen und vor Autoritätspersonen ist in der Schule, im Studium (z.B. mündliche Prüfungen, Seminare) und im Beruf ein entscheidender Schlüssel zum Erfolg.
Mithilfe der bekanntesten psychologischen Techniken schulen Sie Ihre rhetorischen Fähigkeiten und lernen, angstfrei, verständlich und souverän zu sprechen. Inkl. Coaching-CD.

■ COACH DICH! - 19,80 €

Sei Dein eigener Lebensmeister mit Hilfe des Rationalen Effektivitäts-Trainings! Ob wir im Berufsleben oder in der Examensphase erfolgreich bestehen wollen: Die hierfür erforderlichen psychischen Stärken können trainiert werden. So wie eine Sportlerin oder ein Sportler sich auf den Wettkampf vorbereitet, können auch wir Fertigkeiten lernen, die uns beruflich und vor allem im Umgang mit Menschen erfolgreicher werden lassen.

Versandkostenfreie Bestellung in unserem hemmer-shop
www.hemmer-shop.de

KURSORTE IM ÜBERBLICK

AUGSBURG
Wüst
Mergentheimer Str. 44
97082 Würzburg
Tel.: (0931) 79 78 230
Fax: (0931) 79 78 234
Mail: augsburg@hemmer.de

BAYREUTH
Daxhammer/d´Alquen
Parkweg 7
97944 Boxberg
Tel.: (07930) 99 23 38
Fax: (07930) 99 22 51
Mail: bayreuth@hemmer.de

BERLIN-DAHLEM
Gast
Schumannstraße 18
10117 Berlin
Tel.: (030) 240 45 738
Fax: (030) 240 47 671
Mail: mitte@hemmer-berlin.de

BERLIN-MITTE
Gast
Schumannstraße 18
10117 Berlin
Tel.: (030) 240 45 738
Fax: (030) 240 47 671
Mail: mitte@hemmer-berlin.de

BIELEFELD
Lück
Salzstr. 14/15
48143 Münster
Tel.: (0251) 67 49 89 70
Fax.: (0251) 67 49 89 71
Mail: bielefeld@hemmer.

BOCHUM
Schlömer/Sperl
Salzstr. 14/15
48143 Münster
Tel.: (0251) 67 49 89 70
Fax.: (0251) 67 49 89 71
Mail: bochum@hemmer.de

BONN
Ronneberg/Clobes/Geron
Meckenheimer Allee 148
53115 Bonn
Tel.: (0228) 91 14 125
Fax: (0228) 91 14 141
Mail: bonn@hemmer.de

BREMEN
Hemmer/Wüst
Mergentheimer Str. 44
97082 Würzburg
Tel.: (0931) 79 78 257
Fax: (0931) 79 78 240
Mail: bremen@hemmer.de

DRESDEN
Weber/Kalina
Oststraße 8
04317 Leipzig
Tel.: (0152) 34 01 84 73
Mail: leipzig@hemmer.de

DÜSSELDORF
Ronneberg/Clobes/Geron
Meckenheimer Allee 148
53113 Bonn
Tel.: (0228) 91 14 125
Fax: (0228) 91 14 141
Mail: duesseldorf@hemr

ERLANGEN
Grieger/Tyroller
Mergentheimer Str. 44
97082 Würzburg
Tel.: (0931) 79 78 230
Fax: (0931) 79 78 234
Mail: erlangen@hemmer.de

FRANKFURT/M.
Geron/Hahn/Bold
Dreifaltigkeitsweg 49
53489 Sinzig
Tel.: (02642) 61 44
Fax: (02642) 61 44
Mail: frankfurt.main@hemmer.de

FRANKFURT/O.
Gast
Schumannstraße 18
10117 Berlin
Tel.: (030) 240 45 738
Fax: (030) 240 47 671
Mail: mitte@hemmer-berlin.de

FREIBURG
Behler/Rausch
Rohrbacher Str. 3
69115 Heidelberg
Tel.: (06221) 65 33 66
Fax: (06221) 65 33 30
Mail: freiburg@hemmer.de

GIEßEN
Sperl
Parkweg 7
97944 Boxberg
Tel.: (07930) 99 23 38
Fax: (07930) 99 22 51
Mail: giessen@hemmer.de

GÖTTINGEN
Schlömer/Sperl
Kirchhofgärten 22
74635 Kupferzell
Tel.: (07944) 94 11 05
Fax: (07944) 94 11 08
Mail: goettingen@hemmer.de

GREIFSWALD
Lück
Knieperstraße 20
18439 Stralsund
Tel.: (03831) 26 27 17
Fax: (03831) 26 27 28
Mail: greifswald@hemmer.de

HALLE
Weber/Kalina
Oststraße 8
04317 Leipzig
Tel.: (0152) 34 01 84 73
Mail: halle@hemmer.de

HAMBURG
Schlömer/Sperl
Steinhöft 5-7
20459 Hamburg
Tel.: (040) 317 669 17
Fax: (040) 317 669 20
Mail: hamburg@hemmer.de

HANNOVER
Hemmer/Wüst
Mergentheimer Str. 44
97082 Würzburg
Tel.: (0931) 79 78 230
Fax: (0931) 79 78 234
Mail: hannover@hemme

HEIDELBERG
Behler/Rausch
Rohrbacher Str. 3
69115 Heidelberg
Tel.: (06221) 65 33 66
Fax: (06221) 65 33 30
Mail: heidelberg@hemmer.de

JENA
Weber/Kalina
Oststraße 8
04317 Leipzig
Tel.: (0152) 34 01 84 73
Mail: halle@hemmer.de

KIEL
Onoszko/Lück
Knieperstraße 20
18439 Stralsund
Tel.: (03831) 26 27 17
Fax: (03831) 26 27 28
E-Mail: kiel@hemmer.de

KÖLN
Ronneberg/Clobes/Geron
Meckenheimer Allee 148
53113 Bonn
Tel.: (0228) 91 14 125
Fax: (0228) 91 14 141
Mail: koeln@hemmer.de

KONSTANZ
Kaiser
Hindenburgstr. 15
78467 Konstanz
Tel.: (07531) 69 63 63
Fax: (07531) 69 63 64
Mail: konstanz@hemme

LEIPZIG
Weber/Kalina
Oststraße 8
04317 Leipzig
Tel.: (0152) 34 01 84 73
Mail: leipzig@hemmer.de

MAINZ
Geron
Dreifaltigkeitsweg 49
53489 Sinzig
Tel.: (02642) 61 44
Fax: (02642) 61 44
Mail: mainz@hemmer.de

MANNHEIM
Behler/Rausch
Rohrbacher Str. 3
69115 Heidelberg
Tel.: (06221) 65 33 66
Fax: (06221) 65 33 30
Mail: mannheim@hemmer.de

MARBURG
Sperl
Parkweg 7
97944 Boxberg
Tel.: (07930) 99 23 38
Fax: (07930) 99 22 51
Mail: marburg@hemmer.de

MÜNCHEN
Wüst
Mergentheimer Str. 44
97082 Würzburg
Tel.: (0931) 79 78 230
Fax: (0931) 79 78 234
Mail: muenchen@hemr

MÜNSTER
Schlömer/Sperl
Salzstr. 14/15
48143 Münster
Tel.: (0251) 67 49 89 70
Fax.: (0251) 67 49 89 71
Mail: muenster@hemmer.de

OSNABRÜCK
Fethke
Philosophenweg 23
23970 Wismar
Tel.: (0541) 18 55 21 79
Mail: osnabrueck@hemmer.de

PASSAU
Rath/Wenzl
Mergentheimer Str. 44
97082 Würzburg
Tel.: (0931) 79 78 247
Fax: (0931) 79 78 260
Mail: passau@hemmer.de

POTSDAM
Gast
Schumannstraße 18
10117 Berlin
Tel.: (030) 240 45 738
Fax: (030) 240 47 671
Mail: mitte@hemmer-berlin.de

REGENSBURG
Daxhammer/d´Alquen
Parkweg 7
97944 Boxberg
Tel.: (07930) 99 23 38
Fax: (07930) 99 22 51
Mail: regensburg@hemr

ROSTOCK
Burke/Lück
Knieperstraße 20
18439 Stralsund
Tel.: (03831) 26 27 17
Fax: (03831) 26 27 28
Mail: rostock@hemmer.de

SAARBRÜCKEN
Bold/Hein/Issa
Preslesstraße 2
66987 Thaleischweiler-Fröschen
Tel.: (06334) 98 42 83
Fax: (06334) 98 42 83
Mail: saarbruecken@hemmer.de

TRIER
Geron
Dreifaltigkeitsweg 49
53489 Sinzig
Tel.: (02642) 61 44
Fax: (02642) 61 44
Mail: trier@hemmer.de

TÜBINGEN
Kaiser
Hindenburgstr. 15
78465 Konstanz
Tel.: (07531) 69 63 63
Fax: (07531) 69 63 64
Mail: tuebingen@hemmer.de

WÜRZBURG
- ZENTRALE -
Mergentheimer Str. 44
97082 Würzburg
Tel.: (0931) 79 78 230
Fax: (0931) 79 78 234
Mail: wuerzburg@hemr

VORBEREITUNG AUF DAS ZWEITE STAATSEXAMEN

...SSESSORKURSORTE IM ÜBERBLICK

...RN
...URG/MÜNCHEN/NÜRNBERG/
...BURG/POSTVERSAND

...
...theimer Str. 44
...Würzburg
...31) 79 78 2-50
...31) 79 78 2-51
...ssessor@hemmer.de

BADEN-WÜRTTEMBERG
KONSTANZ/TÜBINGEN/
POSTVERSAND

RA Kaiser
Hindenburgstr. 15
78467 Konstanz
Tel.: (07531) 69 63 63
Fax: (07531) 69 63 64
Mail: konstanz@hemmer.de

STUTTGART

RAin Baier / RA Baier
Mergentheimerstr. 44
97082 Würzburg
Tel. 0931-7978247
Fax. 0931-7978260
Mail: stuttgart@hemmer.de

BERLIN/POTSDAM/BRANDENBURG

BERLIN

RA Gast
Schumannstr. 18
10117 Berlin
Tel.: (030) 24 04 57 38
Fax: (030) 24 04 76 71
Mail: mitte@hemmer-berlin.de

...EN/HAMBURG
...RG/POSTVERSAND

...erl/Clobes/Dr. Schlömer
...gärten 22
...Kupferzell
...944) 94 11 05
...944) 94 11 08
...ssessor-nord@hemmer.de

HESSEN
FRANKFURT

RA Geron
Dreifaltigkeitsweg 49
53489 Sinzig
Tel.: (02642) 61 44
Fax: (02642) 61 44
Mail: frankfurt.main@hemmer.de

MECKLENBURG-VORPOMMERN
POSTVERSAND

RAe Burke/Lück
Buchbinderstr. 17
18055 Rostock
Tel.: (0381) 37 77 40 0
Fax: (0381) 37 77 40 1
Mail: rostock@hemmer.de

RHEINLAND-PFALZ
POSTVERSAND

RA Geron
Dreifaltigkeitsweg 49
53489 Sinzig
Tel.: (02642) 61 44
Fax: (02642) 61 44
Mail: trier@hemmer.de

...ERSACHSEN
...VER

...erl/Schlömer
...t 5 - 7
...amburg
...0) 317 669 17
...0) 317 669 20
...ssessor-nord@hemmer.de

HANNOVER POSTVERSAND

RAe Sperl/Clobes/Dr. Schlömer
Kirchhofgärten 22
74635 Kupferzell
Tel.: (07944) 94 11 05
Fax: (07944) 94 11 08
Mail: assessor-nord@hemmer.de

NORDRHEIN-WESTFALEN
KÖLN/BONN/DORTMUND/DÜSSELDORF/
POSTVERSAND

RAin Dr. Ronneberg
Meckenheimer Allee 148
53113 Bonn
Tel.: (0228) 91 14 125
Fax: (0228) 91 14 141
Mail: koeln@hemmer.de

SCHLESWIG-HOLSTEIN
POSTVERSAND

RAe Sperl/Clobes/Dr. Schlömer
Kirchhofgärten 22
74635 Kupferzell
Tel.: (07944) 94 11 05
Fax: (07944) 94 11 08
Mail: assessor-nord@hemmer.de

...NGEN
...bartl
...e 8
...eipzig
...930) 99 23 38
...ost@hemmer.de

SACHSEN

RA Singbartl
Oststraße 8
04317 Leipzig
Tel.: (07930) 99 23 38
Mail: oe-ost@hemmer.de

SACHSEN-ANHALT

RA Singbartl
Oststraße 8
04317 Leipzig
Tel.: (07930) 99 23 38
Mail: oe-ost@hemmer.de

Du willst mehr?
Werde Mitglied im hemmer.club!

- Du sparst **3,- € je Produkt** aus den Kategorien **Karteikarten & AudioCards** bei jedem Einkauf im hemmer-shop

- Du erhältst Zugang zum **digitalen Archiv** der **Life&LAW**

- Bleib' **up to date mit LAW Aktuell** - dem hemmer Blog für brandheiße Entscheidun

- Erhalte bei **hemmer.finance** Sondertarife für die **Berufsunfähigkeitsversicherung**

- Du nutzt bei gleichzeitiger Kursteilnahme **juris by hemmer sechs Monate kostenfrei**

- Du erhältst **aktuelle Rechtsprechung**, **exklusive Angebote** und **Rabattcodes** bequem per Newsletter, u.v.m.

Die Partner des hemmer.clubs:

Juristisches Repetitorium hemmer

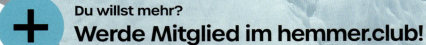 **hemmer/wüst** Verlagsgesellschaft mbH

hemmer.individual   **hemmer.career**   hemmer office

hemmer finance AG   ECONECT

 SCAN ME!

Jetzt unter hemmer-club.de kostenlos anmelden!

GRUNDWISSEN STRAFRECHT AT

GRUNDWISSEN

Hemmer / Wüst

STRAFRECHT AT
Der Theorieband zu den „wichtigsten Fällen"

- Klausurtipps
- Beispiele
- Aufbauschemata
- Übersichten
- Formulierungshilfen
- Querverweise auf die wichtigsten Fälle

Das vorliegende Skript „Grundwissen" ermöglicht Ihnen eine schnelle Einführung in die Grundlagen des Strafrecht AT. Einfach leicht gelernt! In verständlicher Sprache wird das notwendige Grundwissen präzise und knapp vermittelt. Die Bände „Grundwissen" sind die theoretischen Grundlagenbände zu unserer Skriptenreihe „Die wichtigsten Fälle". Durch die Kombination von Grundwissen und Fällen lernen Sie sowohl deduktiv (im Überblick) als auch induktiv (anwendungsspezifisch). Die Reihen „Grundwissen" und „Die wichtigsten Fälle" stellen ein ideales Lernsystem für den Einstieg in das jeweilige Rechtsgebiet dar. Je früher Sie sich die Denkweise von Klausurerstellern aneignen, um so leichter fallen Ihnen die Prüfungen. Die Bände „Grundwissen" fördern Ihr Verständnis für typische Prüfungsprobleme.

Richtiges Lernen von Anfang an stellt die Weichen für Ihr Studium. Sie werden feststellen: Wer die juristischen Zusammenhänge versteht, dem macht Jura Spaß. Wir wünschen Ihnen viel Erfolg im Studium!

- **Grundlagen der Strafbarkeit**
- **Das vollendete vorsätzliche Begehungsdelikt**
- **Der Versuch**
- **Das fahrlässige Begehungsdelikt**
- **Das erfolgsqualifizierte Delikt**
- **Die Unterlassungstat**
- **Die Beteiligung**
- **Die Konkurrenzen**

Grundwissen

afrecht AT

§ 1 EINLEITUNG

A. Einführung in das Strafgesetzbuch

1. Strafrecht im formellen Sinn

Als Einstieg in die Rechtsmaterie „Strafrecht Allgemeiner T... ist es sinnvoll, sich mit einigen grundlegenden Begriff... keiten vertraut zu machen.

„Strafrecht" bezeichnet den Teil der Rechtsordnung, de... Voraussetzungen, die einzelnen Merkmale und Folgen... baren Verhaltens festlegt.

„Strafbarkeit" ist gegeben, wenn alle Vorausetzung... füllt sind, um gegen eine Person aufgrund eines best... verhaltens eine Strafe zu verlangen...

---

2 § 1 EINLEITUNG

Wesen der Strafe

Die Strafe ist also dem Wesen nach eine Antwort auf eine begangene Straftat, die das sozialethische Unwerturteil ausdrückt und dies durch eine Übelzufügung für den Täter spürbar macht.

Zweck von Strafe

Davon ausgehend stellt sich die Frage nach dem Sinn und Zweck der Strafe. Nach der heute herrschenden Vereinigungstheorien muss Strafe grundsätzlich zweckmäßig sein und darf nicht lediglich ein Instrument der Vergeltung darstel-

---

Das Erfolgsprogramm -
Ihr Training für Klausur und Hausarbeit

Grundwissen für Einsteiger

THEORIEBAND

GRUNDWISSEN STAATSRECHT

Das vorliegende Skript „Grundwissen" ermöglicht Ihnen eine schnelle Einführung in die Grundlagen des Staatsrechts. Einfach leicht gelernt! verständlicher Sprache wird das notwendig Grundwissen präzise und knapp vermittelt. D Bände „Grundwissen" sind die theoretische Grundlagenbände zu unserer Skriptenreihe „D wichtigsten Fälle". Durch die Kombination vo Grundwissen und Fällen lernen Sie sowohl de duktiv (im Überblick) als auch induktiv (anwer dungsspezifisch). Die Reihen „Grundwissen und „Die wichtigsten Fälle" stellen ein ideale Lernsystem für den Einstieg in das jeweilig Rechtsgebiet dar. Je früher Sie sich die Den weise von Klausurerstellern aneignen, um s leichter fallen Ihnen die Prüfungen. Die Bänd „Grundwissen" fördern Ihr Verständnis für typ sche Prüfungsprobleme.

Richtiges Lernen von Anfang an stellt die We chen für Ihr Studium. Sie werden feststelle Wer die juristischen Zusammenhänge versteh dem macht Jura Spaß. Wir wünschen Ihnen vi Erfolg im Studium!

- **Einführung in das Verfassungsrecht**
- **Klagearten im Staatsrecht**
- **Allgemeine Grundrechtslehren**
- **Wichtige Einzelgrundrechte**
- **Staatsorganisationsrecht**

Das Erfolgsprogramm -
Ihr Training für Klausur und Hausarbeit

hemmer.individual

EINZEL- und KLEINGRUPPENUNTERRICHT
Präsenz oder online

Individueller Unterricht zur Vorbereitung auf

alle Klausuren während des Studiums der Rechtswissenschaften,

insbesondere Ihre **Zwischenprüfung**,

das **Erste Juristische Staatsexamen**,

das **Zweite Juristische Staatsexamen**,

die **Eignungsprüfung** zur Zulassung zur Rechtsanwaltschaft nach § 16 EuRAG,

die rechtswissenschaftlichen und wirtschaftswissenschaftlichen Klausuren während des Studiums der **Wirtschaftswissenschaften**.

inkl. **ausführlicher Klausurenkorrektur** und Analyse der individuellen Schwächen

6 Monate kostenfreie Nutzung **juris by hemmer** (Voraussetzung: hemmer.club-Mitgliedschaft)

r beraten Sie gerne persönlich!
hmmer.individual ist in allen juristischen Universitätsstädten vertreten und
mittelt Ihnen gerne eine Repetitorin bzw. einen Repetitor vor Ort.
efon: 0931 / 797 82-30
Mail: individual@hemmer.de
w.einzelunterricht-hemmer.de

Die treffsichere Prüfungsvorbereitung by hemmer.

Grundwissen
THEORIEBAND

Grundwissen BGB AT

- **Grundlagen der Fallbearbeitung**
- **Willenserklärung und Zustandekommen von Verträgen**
- **Geschäftsfähigkeit**
- **Anfechtung**
- **Stellvertretung**
- **Allgemeine Geschäftsbedingungen**
- **Verjährung**

Das Erfolgsprogramm -
Ihr Training für Klausur und Hausarbeit

Das vorliegende Skript „Grundwissen" ermöglicht Ihnen eine schnelle Einführung in die Grundlagen des BGB AT. Einfach leicht gelernt! In verständlicher Sprache wird das notwendige Grundwissen präzise und knapp vermittelt. Die Bände „Grundwissen" sind die theoretischen Grundlagenbände zu unserer Skriptenreihe „Die wichtigsten Fälle". Durch die Kombination von Grundwissen und Fällen lernen Sie sowohl deduktiv (im Überblick) als auch induktiv (anwendungsspezifisch). Die Reihen „Grundwissen" und „Die wichtigsten Fälle" stellen ein ideales Lernsystem für den Einstieg in das jeweilige Rechtsgebiet dar. Je früher Sie sich die Denkweise der Klausurerstellenden aneignen, umso leichter fallen Ihnen die Prüfungen. Die Bände „Grundwissen" fördern Ihr Verständnis für typische Prüfungsprobleme. Richtiges Lernen von Anfang an stellt die Weichen für Ihr Studium. Sie werden feststellen: Wer die juristischen Zusammenhänge versteht, dem macht Jura Spaß. Wir wünschen Ihnen viel Erfolg im Studium!

ISBN 978-3-96838-099-5

hemmer/wüst Verlag
www.hemmer.de